ARRÊTÉ

CONTENANT

RÉGLEMENT SUR LES POURSUITES

EN MATIÈRE

DE CONTRIBUTIONS DIRECTES,

DANS LA VILLE DE PARIS.

Nous, Conseiller d'État, Préfet du département de la Seine,

Vu l'article 73 de la loi de Finances du 25 mars 1817 et l'article 51 de celle du 15 mai 1818, portant que les Préfets sont autorisés à faire, dans leurs départemens respectifs, des arrêtés réglementaires sur les frais des poursuites à exercer pour le recouvrement des contributions directes, sauf à faire approuver ces arrêtés par le Gouvernement;

L'instruction en date du 26 août 1824, transmise par le Ministre des Finances, pour servir de base à l'arrêté qui doit être pris par les Préfets, en conformité des articles ci-dessus relatés;

Le projet d'arrêté proposé au Gouvernement, le 7 octobre 1833, en ce qui concerne la Ville de Paris;

Les lettres du Ministre des Finances des 7 novembre et 11 décembre 1833, contenant approbation de ce projet;

Avons arrêté et arrêtons le réglement particulier du mode de poursuites en matière de contributions directes dans ladite ville, ainsi qu'il suit :

TITRE PREMIER.

DISPOSITIONS QUI ÉTABLISSENT LES OBLIGATIONS DES REDEVABLES ET LES DROITS DES RECEVEURS-PERCEPTEURS, ANTÉRIEUREMENT AUX POURSUITES.

Art. 1er. Les contributions directes sont payables en douze portions égales, dont chacune est exigible le 1er. de chaque mois, pour le mois précédent. Elles sont dues personnellement par le contribuable porté en nom sur le rôle, et subsidiairement par les personnes que la loi charge, dans certains cas, de les payer.

Art. 2. La totalité du montant de la patente des marchands forains, colporteurs et marchands vendant en ambulance, échoppe ou étalage, est payable au moment de la délivrance de la patente, conformément aux dispositions des articles 69 et 70 de la loi du 25 mars 1817 (1).

Art. 3. En cas de déménagement, comme en cas de décès, de faillite et de vente volontaire ou forcée, la contribution personnelle et mobilière et celle des patentes sont exigibles pour la totalité de l'année courante; seulement, si, après le décès d'un patentable, ses héritiers ne continuent pas le commerce, le montant de la patente n'est dû que pour les termes échus et le mois courant.

Art. 4. Les héritiers ou légataires peuvent être poursuivis solidairement et un pour tous, à raison des contributions de ceux dont ils ont hérité, ou auxquels ils ont succédé, tant que la mutation n'a pas été opérée sur le rôle, à moins qu'ils n'aient fait un acte de renonciation en forme et qu'ils n'en justifient.

Art. 5. Les Receveurs des communes, hospices et autres établissemens publics, sont tenus au paiement des contributions dues par ces communes ou établissemens. Les quittances des Receveurs-Percepteurs leur seront allouées en compte.

Art. 6. Les contribuables en réclamation n'en sont pas moins tenus de payer leurs cotes par douzièmes, jusqu'à ce qu'il leur ait été délivré une ordonnance de décharge ou de réduction.

Art. 7. Nul fonctionnaire n'a le droit de surseoir au recouvrement des contributions directes, ni aux poursuites qui ont ce recouvrement pour objet; seulement, lorsqu'il est constaté que des contribuables ont éprouvé des pertes résultant d'événemens désastreux qui les ont mis dans l'impossibilité de payer, le Préfet en informe les Receveurs-Percepteurs, afin de prévenir les poursuites

(1) Art. 69. « Les marchands forains et colporteurs seront tenus d'acquitter le montant total de leur » patente, au moment où elle leur sera délivrée. »

Art. 70. « Les marchands vendant en ambulance, échoppe ou étalage, dans les lieux de passage, » places publiques, marchés des villes et communes, des marchandises autres que des comestibles, seront » pareillement tenus d'acquitter, au moment de la délivrance, le montant total de la patente à laquelle ils » sont assujétis par la disposition finale du nombre 10 de l'article 29 de la loi du 1er. brumaire an 7. »

pour des contributions qui devraient définitivement être couvertes par le fonds de non-valeurs.

Art. 8. Les Receveurs-Percepteurs ont seuls titre pour effectuer et poursuivre le recouvrement des contributions directes appartenant au Trésor royal, et celui de toutes les contributions locales et spéciales établies dans les formes voulues par la loi.

Art. 9. Les Receveurs-Percepteurs ne peuvent exiger aucune somme des contribuables, s'ils ne sont porteurs d'un rôle confectionné par le Directeur des contributions directes, rendu exécutoire par le Préfet, et publié dans la forme légale.

Ils doivent faire, au gré des contribuables, l'imputation des sommes versées par ces derniers, après toutefois que les frais dus auront été prélevés, et sous la réserve de tous droits.

Art. 10. Immédiatement après la publication des rôles, le Receveur-Percepteur est tenu de faire parvenir aux contribuables les avertissemens dressés par le Directeur des contributions.

Le prix de ces avertissemens étant compris dans les rôles et payable comme les contributions, le Receveur-Percepteur ne peut rien demander de plus aux contribuables, soit pour les avertissemens, soit pour les frais de leur remise.

Art. 11. Le privilége attribué au Trésor royal et aux Receveurs-Percepteurs agissant en son nom, pour le recouvrement des contributions directes, s'exerce avant tout autre, même avant celui du propriétaire pour ses loyers.

Il est réglé ainsi qu'il suit :

1°. Pour l'année échue et l'année courante de la contribution foncière, tant en principal qu'en centimes additionnels et supplémentaires, sur les récoltes, fruits, loyers et revenus des biens immeubles sujets à la contribution;

2°. Pour l'année échue et l'année courante des autres contributions directes générales et spéciales, sur tous les meubles et effets mobiliers appartenant aux redevables, en quelque lieu qu'ils se trouvent.

L'acquéreur d'une propriété doit, en conséquence du privilége ci-dessus, s'assurer si les contributions imposées sur cette propriété ont été payées jusqu'au jour de la vente.

Cette obligation existe également pour tous adjudicataires d'immeubles vendus par autorité de justice.

Art. 12. Le privilége attribué au Trésor pour le recouvrement des contributions directes, ne préjudicie point aux droits qu'il peut exercer sur les biens des redevables, comme tout autre créancier.

Art. 13. Tous fermiers et locataires sont tenus de payer, à l'acquit des propriétaires ou usufruitiers, la contribution des biens qu'ils tiennent à ferme ou à loyer, et peuvent être poursuivis comme les propriétaires eux-mêmes.

Les propriétaires ou usufruitiers sont tenus de recevoir les quittances du montant de cette contribution sur le prix des fermages et loyers, à moins que les fermiers ou locataires n'en soient chargés par le bail.

Art. 14. Tous Receveurs, agens, économes, notaires, commissaires-priseurs, et autres dépositaires et débiteurs de deniers provenant du chef des redevables et affectés au privilége du Trésor, sont tenus, sur la demande qui leur en est faite par le Receveur-Percepteur, de payer, à l'acquit des contribuables, sur le montant et jusqu'à concurrence des fonds qu'ils doivent ou qui sont entre leurs mains, les contributions dues par ces derniers.

Les commissaires-priseurs, séquestres et autres dépositaires sont même autorisés à payer d'office les contributions dues, avant de procéder à la délivrance des deniers. Les quittances des Receveurs-Percepteurs, pour les sommes légitimement payées, leur sont allouées en compte (*Loi du* 18 *août* 1791).

Art. 15. Les propriétaires et principaux-locataires des maisons sont obligés, un mois au moins avant l'époque du déménagement de leurs locataires ou sous-locataires, de prévenir de ce déménagement le Receveur-Percepteur (*Modèle n°.* 1), et de retirer de lui une reconnaissance par écrit de cet avis (*Modèle n°.* 2), à peine de demeurer responsables des contributions personnelle et mobilière et des patentes que lesdits locataires ou sous-locataires peuvent devoir.

Si le Receveur-Percepteur refuse de recevoir la déclaration à l'époque prescrite et d'en délivrer une reconnaissance, le propriétaire ou principal-locataire a la faculté de la porter devant le maire ou le juge de paix de l'arrondissement dans lequel la taxe est ouverte, et d'en prendre acte. Il peut aussi la faire notifier par ministère d'huissier. Dans ce dernier cas, et sur la représentation du refus écrit, les frais de l'acte seront à la charge du Receveur-Percepteur.

Art. 16. Dans le cas de déménagement furtif de la part des locataires ou sous-locataires, le propriétaire ou principal-locataire devient également responsable des termes échus de leurs contributions, s'il n'a pas fait constater, dans les trois jours, ce déménagement furtif, soit par le commissaire de police ou le juge de paix, soit par le maire ou son adjoint (*Modèles nos. 3 et 4*).

Le certificat de déménagement furtif devra être déposé, dans les trois jours de sa date, entre les mains du Receveur-Percepteur, qui en délivrera récépissé (*Modèle n°. 5*). En cas de refus de la part de ce dernier, le dépôt du certificat sera fait à la Préfecture de la Seine, où il en sera donné reçu.

Art. 17. Si la garantie est exercée ultérieurement par le Receveur-Percepteur, le propriétaire ou le principal-locataire qui a rempli les formalités prescrites par l'article précédent, se pourvoit en décharge de garantie par une réclamation accompagnée de l'un des actes exigés, et adressée au Préfet, qui statue.

Art. 18. Le Receveur-Percepteur exerce son privilége sur les meubles enlevés, partout où ils se trouvent, conformément à l'article 11 ci-dessus.

Art. 19. Les droits et priviléges attribués au Trésor royal pour le recouvrement des contributions directes, s'étendent au recouvrement des frais de poursuites dûment taxés.

Art. 20. Les Receveurs-Percepteurs qui ont laissé passer trois années, à compter du jour où les rôles leur ont été remis, sans faire de poursuites contre un contribuable, ou qui, après avoir commencé des poursuites, les ont abandonnées pendant trois ans, sont déclarés déchus de leurs droits contre les redevables. Passé ce délai, toutes poursuites leur sont interdites.

Art. 21. Les réclamations concernant la perception des contributions directes et les poursuites auxquelles cette perception donne lieu, sont du ressort de l'autorité administrative.

TITRE II.

DES POURSUITES.

Art. 22. Le contribuable qui n'a pas acquitté au 1er. du mois le douzième échu pour le mois précédent, est dans le cas d'être poursuivi. Toutefois, en en cas d'insolvabilité notoire, le Receveur-Percepteur devra surseoir à toutes poursuites, sauf à en justifier successivement au Receveur central et à la Préfecture, au moyen d'états nominatifs.

Art. 23. Le Receveur-Percepteur ne peut commencer les poursuites avec frais qu'après avoir prévenu le contribuable retardataire par une sommation gratis (*Modèle n. 6*).

Cette sommation gratis est donnée au domicile du redevable, s'il réside dans la ville; s'il n'y réside pas, elle est remise à son principal fermier, locataire ou régisseur, et à défaut, à la personne qui le représente. Elle doit être remise huit jours avant le premier acte de poursuites qui donne lieu à des frais. Cette sommation n'est renouvelée que lorsque le contribuable, s'étant libéré de la totalité des sommes exigibles, se remet dans le cas d'être contraint pour le paiement de nouveaux douzièmes.

A partir des poursuites par voie de garnison, aucun acte donnant lieu à des frais ne peut avoir lieu qu'en vertu d'une contrainte décernée par le Receveur-Percepteur et visée par le Préfet. La durée de cette contrainte est limitée à deux mois; passé ce délai, il ne pourra plus être exercé de poursuites contre un redevable qu'en vertu d'une nouvelle contrainte.

Art. 24. Les poursuites comprennent sans division, mais seulement avec distinction de la dette relative à chaque exercice, toutes les sommes dues par le même contribuable dans l'arrondissement de perception. Chaque acte en présente le bordereau séparé.

CHAPITRE PREMIER.

Moyens et degrés de poursuites.

Art 25. Les degrés de poursuites sont établis ainsi qu'il suit, savoir :

1er. DEGRÉ. — *Sommation avec frais.*

2e. DEGRÉ. — *Contrainte par voie de garnison collective ou individuelle.*

3e. DEGRÉ. — *Commandement.*

4e. DEGRÉ. — *Saisie.*

5e. DEGRÉ. — *Vente.*

§ Ier. — PREMIER DEGRÉ DE POURSUITES. — *Sommation avec frais.*

Art. 26. La sommation avec frais peut être faite au contribuable huit jours après la délivrance de la sommation gratis. Elle ne pourra jamais être renouvelée.

Art. 27. Il sera ouvert dans chaque arrondissement de perception un registre (*Modèle n*° 7) sur lequel seront inscrits, jour par jour, sans aucun blanc ni interligne, tous les redevables dans le cas d'être poursuivis par voie de sommation avec frais; ce registre sera arrêté à la fin de chaque séance, tant par le Receveur-Percepteur que par le Contrôleur aux recettes.

Il sera ensuite remis au porteur de contraintes, qui expédiera les bulletins et se transportera au domicile des contribuables, pour notifier à chacun d'eux le bulletin qui lui est destiné (*Modèle n*°. 8).

Art. 28. Le prix de la sommation avec frais est fixé ainsi qu'il suit :

Pour un débet de 25 francs et au-dessous		25 c.
Idem au-dessus de 25 et jusqu'à 50 francs		50
Idem au-dessus de 50 et jusqu'à 100 francs.		75
Idem au-dessus de 100 francs.	1 fr.	»

§ II. — DEUXIÈME DEGRÉ DE POURSUITES. — *Contrainte par voie de garnison collective ou individuelle.*

Art. 29. Les poursuites par voie de garnison sont employées contre les contribuables retardataires qui ne se sont pas libérés trois jours après la sommation avec frais. La garnison est collective ou individuelle.

Garnison collective.

Art. 30. La garnison est collective, lorsqu'elle a lieu à la fois contre plusieurs redevables par un seul agent; elle ne peut avoir lieu qu'en vertu d'une contrainte décernée par le Receveur-Percepteur et visée par le Préfet.

Art. 31. Pour exercer cette poursuite, le Receveur-Percepteur fait un état des contribuables qui l'ont encourue, décerne la contrainte au pied de cet état, et le transmet à la Préfecture pour être enregistré et recevoir le visa prescrit par l'article précédent (*Modèle n*°. 9).

Art. 32. Le relevé des contribuables à poursuivre, établi dans la forme ci-dessus indiquée, est remis au porteur de contraintes, qui expédie les bulletins, puis se transporte au domicile des redevables, pour leur notifier l'acte qui les concerne. Le bulletin contient injonction au contribuable de se libérer, et déclaration qu'à défaut de paiement dans le délai de trois jours, il y sera contraint, soit par voie de garnison établie chez lui à domicile réel, soit par voie de commandement (*Modèle n°.* 10).

Art. 33. Les frais auxquels donne lieu la garnison collective sont supportés par tous les contribuables compris dans l'état nominatif mentionné en l'article ci-dessus, savoir :

Pour un débet de 25 francs et au-dessous.		25 c.
Idem	au-dessus de 25 et jusqu'à 50 francs. . . .	50
Idem	au-dessus de 50 et jusqu'à 100 francs. . .	75
Idem	au-dessus de 100 fr.	1 fr. »

Garnison individuelle.

Art. 34. La garnison est individuelle, lorsqu'elle a lieu contre un seul redevable par un garnisaire à domicile. Elle ne s'exerce qu'en vertu d'une contrainte décernée par le Receveur-Percepteur et visée par le Préfet (*Modèle n°.* 11).

Cette poursuite ne peut avoir lieu que trois jours après la garnison collective, ou trois jours après la sommation avec frais, lorsque la garnison collective n'a point été exercée.

Art. 35. La garnison individuelle ne peut être employée contre un redevable, si ses contributions ne s'élèvent à 150 francs, et s'il n'est en retard d'au moins trois douzièmes.

Art. 36. Le garnisaire ne peut rester plus de deux jours chez un redevable. Il délivre à celui chez lequel il s'établit un bulletin imprimé, expédié conformément à l'état dressé par le Receveur-Percepteur (*Modèle n°.* 12).

Art. 37. Si le contribuable se libère le jour même où il reçoit le garnisaire, le Receveur-Percepteur ordonne à celui-ci de se retirer, et le contribuable ne doit que les frais d'une journée. Dans ce cas, le garnisaire ne peut être placé le même jour chez un autre contribuable.

Art. 38. Le prix de la journée de garnison à domicile est fixé à 2 francs, sans vivres.

Le même agent de poursuites ne peut être employé cumulativement dans une journée à la *garnison collective* et à la *garnison individuelle.*

§ III. — TROISIÈME DEGRÉ DE POURSUITES. — *Commandement.*

Art. 39. Le commandement n'a lieu que trois jours après l'exercice de la garnison individuelle, ou trois jours après la garnison collective, si la garnison individuelle n'a pas été employée.

Art. 40. Aucun contribuable retardataire ne peut être poursuivi par voie de commandement qu'en exécution d'un mandement délivré par le Receveur-Percepteur, et désignant le contribuable nominativement (*Modèle n°.* 13). Ce mandement ne peut être délivré qu'en vertu de la contrainte préalablement décernée par le Receveur-Percepteur et visée par le Préfet, pour l'exercice de la garnison collective ou individuelle, ainsi qu'il est prescrit par les articles 30 et 34.

Art. 41. Les commandemens sont faits et signifiés par ministère d'huissier à la requête du Receveur-Percepteur. Ils portent injonction aux contribuables de payer dans le délai de trois jonrs, à peine de saisie et vente.

Art. 42. Le commandement a lieu pour le montant des douzièmes échus à la date de l'acte ; il a son effet tant pour ces douzièmes que pour ceux qui sont devenus exigibles au jour du paiement.

Art. 43. Le prix du commandement est fixé, pour l'original et la copie signifiée, à 75 centimes, indépendamment du papier timbré et du droit d'enregistrement, lorsqu'il y a lieu à ce droit.

Art. 44. Lorsqu'un contribuable retardataire est domicilié hors de la ville de Paris, sans y être représenté par un fermier, locataire ou régisseur, il peut être procédé immédiatement contre lui par voie de commandement.

Si ce contribuable est domicilié hors du département de la Seine, le Receveur central décerne une contrainte sur la demande du Receveur-Percepteur. Cette contrainte, après avoir été visée par le Préfet, est transmise par le Receveur central au Receveur général du département où réside ce contribuable, afin qu'après l'avoir fait viser par le Préfet de ce département, il en fasse suivre l'exécution par un porteur de contraintes, et en fasse opérer le recouvrement par le Percepteur de la résidence du débiteur. Cette contrainte est accompagnée d'un extrait du rôle, comprenant les articles dus par le contribuable.

Si le contribuable est domicilié dans l'un des arrondissemens ruraux du département de la Seine, la contrainte décernée, comme il est dit ci-dessus, est visée par le Préfet et envoyée par le Receveur central au Percepteur de la résidence du contribuable. Ce comptable dirigera les poursuites requises et effectuera le recouvrement des contributions exigibles.

Art. 45. Les frais relatifs à ces poursuites sont taxés par le Sous-Préfet, avancés au porteur de contraintes par un des Receveurs-Percepteurs de Paris, pour le compte du Trésor, sur un *vu bon à payer* du Receveur central, et remboursés par le Percepteur de la résidence du contribuable; ces frais entrent dans sa comptabilité, comme ceux des poursuites qu'il exerce pour le recouvrement des sommes imposées dans ses rôles.

Art. 46 Le contribuable imposé dans la ville de Paris et domicilié, soit dans l'un des arrondissemens ruraux du département de la Seine, soit hors de ce département, et qui, s'étant mis dans le cas d'être poursuivi de la manière indiquée aux articles qui précèdent, se libérera dans l'intervalle de l'expédition de la contrainte à la signification du commandement ou des autres poursuites dirigées contre lui, ne sera pas pour cela exempt du paiement des frais encourus.

§ IV. — QUATRIÈME DEGRÉ DE POURSUITES. — *Saisie.*

Art. 47. La saisie des meubles et effets, et celle des fruits pendans par racines, est toujours précédée d'un commandement; elle ne peut avoir lieu que trois jours après la signification de cet acte, et en vertu de l'autorisation spéciale du Préfet. Cette autorisation, accordée d'après l'état que le Receveur-Percepteur produit des contribuables retardataires (*Modèle n°.* 14), comprend celle de procéder à la vente, si le contribuable ne se libère pas dans le délai déterminé.

La saisie est faite par le ministère d'un huissier assisté de deux témoins, en exécution d'un mandement délivré par le Receveur-Percepteur (*Modèle n°.* 15).

Art. 48. Il ne peut être procédé à la saisie des fruits pendant par racines, ou à la saisie-brandon, que dans les six semaines qui précèdent l'époque ordinaire de la maturité des fruits et récoltes.

Art. 49. La saisie est faite pour tous les termes échus des contributions et pour ceux qui seront devenus exigibles au jour du paiement, quoique le commandement ait exprimé une somme moindre.

Art. 50. Les saisies s'exécutent dans les formes prescrites pour les saisies judiciaires [*Titre VIII, livre V du Code de procédure civile*].

Elles s'exécutent nonobstant toute opposition, sauf à l'opposant à se pourvoir par devant le Préfet.

Art. 51. Si, au moment où l'huissier se présente pour saisir, le contribuable retardataire demande à se libérer chez le Receveur-Percepteur, l'huissier doit suspendre la saisie et accompagner le contribuable au bureau du Receveur, pour acquérir la preuve de la libération du redevable; il doit alors mentionner, à la suite du procès-verbal, la suspension de saisie et la date du paiement effectué.

Dans ce cas, le contribuable est tenu seulement de payer les droits de timbre du procès-verbal, et, pour les vacations de l'huissier, le prix d'une journée de garnison individuelle, ainsi que le salaire des assistans au prix fixé par l'art. 59 du présent Réglement.

Art. 52. En cas de revendication des meubles et effets saisis, l'opposition n'est portée devant les tribunaux qu'après avoir été, conformément aux lois du 5 novembre 1790 et 12 novembre 1808, déférée à l'autorité administrative (1). En conséquence, le Receveur-Percepteur se pourvoit auprès du Préfet, pour qu'il soit statué dans le plus bref délai.

Art. 53. L'huissier qui, se présentant pour saisir, trouve une saisie déjà faite, se borne à procéder au récollement des meubles et effets saisis, et, s'il y a lieu, provoque la vente, ainsi qu'il est prescrit par les articles 611 et 612 du Code de procédure civile (2).

Art. 54. Lorsque l'huissier ne peut exécuter sa commission parce que les

(1) Voyez à la suite du Réglement, pages 85 et 86.

(2) Art. 611. « L'huissier qui, se présentant pour saisir, trouverait une saisie déjà faite et un gardien » établi, ne pourra pas saisir de nouveau; mais il pourra procéder au récollement des meubles et effets sur le » procès-verbal, que le gardien sera tenu de lui présenter; il saisira les effets omis, et fera sommation au » premier saisissant de vendre, le tout dans la huitaine. Le procès-verbal de récollement vaudra opposition » sur les deniers de la vente. »

Art. 612. « Faute par le saisissant de faire vendre dans le délai ci-après fixé, tout opposant ayant titre » exécutoire pourra, sommation préalablement faite au saisissant, et sans former aucune demande en » subrogation, faire procéder au récollement des effets saisis, sur la copie du procès-verbal de saisie, que » le gardien sera tenu de représenter, et de suite à la vente. »

portes sont fermées ou que l'ouverture en est refusée, il dresse un acte constatant ce refus et requiert ensuite le commissaire de police du quartier d'assister à l'ouverture des portes.

Cette ouverture est constatée par le procès-verbal de saisie, qui est alors signé par le commissaire de police et par l'huissier.

Art. 55. Le procès-verbal de saisie fait mention de la réquisition faite au saisi de présenter un gardien volontaire. L'huissier est tenu d'admettre ce gardien, s'il est notoirement solvable.

Si le saisi ne présente pas de gardien, l'huissier en établit un d'office, en observant les prohibitions portées par l'art. 598 du Code de procédure civile (1).

Art. 56. Il ne peut être établi qu'un seul gardien. Dans le cas où la nature des objets saisis en exigerait un plus grand nombre, il en serait référé au Préfet.

Art. 57. Le gardien à la saisie est contraignable par corps pour la représentation des objets saisis.

S'il ne les représente pas, le Receveur-Percepteur se pourvoit auprès du Préfet en autorisation de poursuivre ce gardien devant le tribunal civil, pour le faire condamner par corps au paiement des contributions dues et des frais de poursuites, conformément à l'article 2060 du Code civil.

Lorsque le contribuable saisi et constitué gardien a détourné ou tenté de détourner les objets confiés à sa garde, le Receveur-Percepteur se pourvoit également auprès du Préfet en autorisation de poursuivre ce gardien, pour lui faire appliquer les peines portées à l'article 400 du Code pénal.

Art. 58. Ne peuvent être saisis pour contributions arriérées et frais faits à ce sujet:

Les lits et vêtemens nécessaires au contribuable et à sa famille;

Les outils et métiers à travailler, à moins qu'ils ne soient en nombre supérieur à celui qui est personnellement nécessaire au saisi pour l'exercice de sa profession;

Les instrumens, ustensiles et bêtes de somme ou de trait servant à la culture de la terre;

(1) Art. 598. « Ne pourront être établis gardiens: le saisissant, son conjoint, ses parens et alliés jusqu'au » degré de cousin issu de germain inclusivement, et ses domestiques; mais le saisi, son conjoint, ses parens, » alliés et domestiques, pourront être établis gardiens, de leur consentement et de celui du saisissant. »

Les livres relatifs à la profession du saisi, jusqu'à la somme de 300 francs, à son choix;

Les machines et instrumens servant à l'enseignement pratique ou à l'exercice des sciences et des arts, jusqu'à concurrence de la même somme, et au choix du saisi;

Les équipemens des militaires, suivant l'ordonnance et le grade.

L'huissier qui contrevient à ces dispositions est passible d'une amende de 100 francs.

Art. 59. Il est alloué à l'huissier, pour l'exploit de saisie, 2 francs;

Aux deux témoins, à raison de 75 cent. chacun, 1 fr. 50 cent.;

Au gardien, pour chaque jour de garde effective, 1 fr. 50 cent. pendant les dix premiers jours, et 25 cent. pour chacun des jours suivans, sans que, dans aucun cas, ce salaire puisse excéder la somme de 18 francs.

Ces fixations sont communes à la saisie-exécution et à la saisie-brandon.

Art. 60. Lorsque, conformément à l'art. 53, l'huissier se trouve dans le cas de dresser un procès-verbal de récollement, il lui est alloué, ainsi qu'aux deux témoins, la même taxe que pour la saisie.

Art. 61. Si le gardien réclame un salaire ou le remboursement de frais et déboursés, le tout sera réglé par le Préfet.

Art. 62. A défaut d'objets saisissables, et lorsqu'il sera constant qu'il n'existe aucun moyen d'obtenir le paiement des contributions dues, l'huissier dresse, sur papier libre, un procès-verbal de carence, en présence de deux témoins, qui le signent avec lui; ce procès-verbal est certifié par le commissaire de police (*Modèle n°. 16*).

Art. 63. Il est alloué à l'huissier, pour la rédaction de cet acte, 1 fr.;

Et aux deux témoins, à raison de 50 cent. chacun, 1 fr.

Le Préfet décide, selon les différens cas d'insolvabilité, s'il y a lieu de mettre les frais de ce procès-verbal à la charge du Receveur-Percepteur, ou s'ils sont susceptibles d'être imputés, comme le montant des contributions même, sur le fonds de non-valeurs.

§ V. — 5e. DEGRÉ DE POURSUITES. — *Vente.*

Art. 64. Il n'est procédé à la vente des meubles et effets saisis, ainsi que des fruits pendans par racines, qu'en vertu de l'autorisation spéciale du Préfet, accordée dans la forme prescrite par l'article 47 du présent Réglement.

Cette vente ne peut avoir lieu que huit jours après la clôture du procès-verbal de saisie. Néanmoins, ce délai peut être abrégé avec l'autorisation du Préfet, lorsqu'il y a lieu de craindre le dépérissement des objets saisis.

Art. 65. L'annonce de la vente est affichée et publiée aux lieux accoutumés, et signifiée, avant le jour de l'ouverture, tant à la partie saisie qu'au gardien, le tout par ministère d'huissier (*Modèle n°. 17*).

Art. 66. La vente se fait par un commissaire-priseur (1), en présence du saisi et du gardien, ou eux appelés; elle a lieu sur la place accoutumée et dans la forme prescrite pour les ventes par autorité de justice.

Si le déplacement et le transport des effets sur cette place sont dans le cas de les détériorer, le Receveur-Percepteur requiert du Préfet l'autorisation de les faire vendre au domicile du saisi.

Art. 67. Le commissaire-priseur est tenu de discontinuer la vente, aussitôt que le produit en est suffisant pour solder le montant des contributions dues et les frais de poursuites.

Art. 68. Il est défendu aux agens des contraintes, aux huissiers commissionnés pour le recouvrement et aux Receveurs-Percepteurs de s'adjuger ou se faire adjuger aucun des objets vendus en conséquence des poursuites faites ou dirigées par eux ou à leur requête, sous peine de destitution.

Art. 69. Immédiatement après avoir reçu le produit de la vente, le Receveur-Percepteur émarge les rôles jusqu'à concurrence des sommes dues par le saisi, et lui en délivre quittance. Si le produit de la vente excède les contributions dues, l'excédant est restitué au contribuable, prélèvement fait du montant des frais.

Art. 70. En cas de contestation sur la légalité de la vente et d'opposition sur les fonds en provenant, le Receveur-Percepteur procède ainsi qu'il est prescrit à l'article 52 du présent Réglement.

Art. 71. Toute vente faite contrairement aux formalités prescrites par les

(1) « Les criées et ventes publiques des meubles des contribuables en retard seront faites par les com- » missaires-priseurs dans les villes où ils sont établis. Dans ce cas, comme dans tous les autres, les vacations » des commissaires-priseurs seront taxées par les tribunaux; mais si les poursuites ont lieu pour le recouvre- » ment des contributions directes, les tribunaux se conformeront aux réglemens faits par les préfets et » arrêtés par le gouvernement. » (*Art. 31 de la loi du 23 juillet 1820.*)

lois donne lieu à des poursuites contre ceux qui y ont procédé, et les frais faits restent à leur charge.

Art. 72. Il est alloué à l'huissier, pour la signification de la vente tant à la partie qu'au gardien, 1 fr. 25 cent.;

Au même, pour l'insertion au journal judiciaire, 2 fr.;

Pour les affiches, compris les frais de timbre, de papier, de rédaction et de confection, 3 fr. 50 cent.;

Pour procès-verbal d'apposition d'affiches, 2 fr.;

A l'afficheur, 1 fr. 50 cent.;

A l'huissier, pour l'original et les copies du procès-verbal de récollement, lors de l'enlèvement des meubles, 1 franc 50 cent.;

Aux deux témoins, à raison de 50 cent. chacun, 1 franc.

S'il est échu de nouveaux douzièmes depuis la saisie, il sera ajouté, s'il y a lieu, de nouveaux effets à ceux mentionnés dans l'acte de ladite saisie. Ces effets seront alors détaillés au procès-verbal de récollement, auquel cas il sera alloué à l'huissier 50 cent. de plus.

Dans le cas où l'enlèvement des meubles destinés à être vendus occasionnerait des frais de transport, ces frais seront réglés particulièrement par le Préfet.

Art. 73. Les droits dus au commissaire-priseur seront réglés conformément à la loi du 27 ventôse an 9.

Lorsque toutes les dispositions préparatoires de la vente ont été faites, et qu'avant l'heure fixée pour l'exécution, il y a lieu de suspendre ladite vente, par suite de la libération du contribuable ou pour toute autre cause, il est alloué au commissaire-priseur, à titre d'indemnité pour lui, le crieur, le droit de déclaration tant à la chambre qu'à l'enregistrement et le papier, une somme de 9 francs.

CHAPITRE II.

Moyens conservatoires.

Art. 74. A défaut par les régisseurs, receveurs, agens, économes, notaires, commissaires-priseurs ou autres, d'acquitter sur les deniers dont ils seraient dépositaires les sommes dues par un contribuable, le Receveur-Percepteur fait entre leurs mains une saisie-arrêt ou opposition.

Art. 75. La saisie-arrêt ou opposition s'opère en vertu d'un mandement du Receveur-Percepteur (*Modèle n°*. 18), et par le ministère d'un huissier, sans autre diligence préalable, et sans qu'il soit besoin d'autorisation spéciale. Cet acte (*Modèle n°*. 19) est fait suivant les formes réglées par le titre VII, livre V du Code de procédure civile; l'effet en est suivi conformément aux dispositions de ce Code.

La saisie-arrêt n'est pas nécessaire, lorsque le Receveur-Percepteur a fait constater sa demande dans un procès-verbal de vente de récolte ou d'effets mobiliers, dressé par un officier ministériel.

Art. 76. Lorsque la saisie-arrêt doit être faite entre les mains d'un Receveur ou de tout autre dépositaire de deniers publics, l'huissier est tenu de se conformer aux dispositions prescrites par le décret du 18 août 1807 (1).

Art. 77. L'exploit de saisie-arrêt porte interpellation au tiers-saisi de déclarer les sommes qu'il doit actuellement à la partie-saisie et celles qu'il pourra devoir par la suite. Le tiers-saisi est également tenu de déclarer les oppositions ou autres saisies qui existeraient déjà entre ses mains.

Ces déclarations sont reçues par l'huissier, qui les inscrit dans l'acte de saisie, ou bien elles sont faites, dans les vingt-quatre heures, par devant le maire de l'arrondissement; à défaut desdites déclarations, le tiers-saisi peut être réputé débiteur des causes de la saisie, et poursuivi comme tel.

Art. 78. Il est dû à l'huissier, pour l'original de la saisie-arrêt et la copie signifiée au tiers-saisi, 75 cent.

Art. 79. Le Receveur-Percepteur est tenu de suivre l'effet de son opposition, sous sa responsabilité personnelle; aussitôt que les sommes qui en étaient l'objet sont acquittées, il en donne main-levée pure et simple et sans frais (*Modèle n°*. 20).

Art. 80. Lorsque le Receveur-Percepteur est informé d'un commencement d'enlèvement furtif de meubles ou de fruits, et qu'il y a lieu de craindre la disparition du gage de la contribution, il a le droit, s'il y a déjà eu un commandement, de faire procéder immédiatement, et sans autre ordre ni autorisation, à la saisie-exécution desdits meubles et fruits.

Art. 81. Si le commandement n'a pas été fait, le Receveur-Percepteur établit d'office, soit au domicile du contribuable, soit dans le lieu où existe

(1) Voyez à la suite du Réglement, page 87.

le gage de l'impôt, un gardien chargé de veiller à sa conservation, en attendant qu'il puisse être procédé aux poursuites ultérieures, qui commenceront sous trois jours au plus tard. Dans ce cas, le Percepteur établira de préférence comme gardien un porteur de contraintes ou garnisaire, auquel il sera alloué 2 francs par jour.

Art. 82. Lorsqu'il y a lieu d'appliquer les dispositions autorisées par les deux articles précédens, le Receveur-Percepteur en informe le Préfet dans les vingt-quatre heures, et en rend compte au Receveur central. Dans tous les cas, la vente ne peut être faite que suivant les formes ordinaires.

CHAPITRE III.

Dispositions communes aux poursuites de divers degrés.

Art. 83. Les bulletins de sommations avec frais, de garnison collective ou individuelle, les sommations par forme de saisie-arrêt, ainsi que les procès-verbaux de carence dressés, soit par les porteurs de contraintes, soit par les huissiers, ne sont sujets ni au timbre ni à l'enregistrement.

Art. 84. Les actes de commandement, saisie-arrêt, saisie-exécution, saisie-brandon, vente et tous autres actes y relatifs, doivent être écrits sur papier timbré et enregistrés dans les quatre jours, non compris celui de la date.

Les droits de timbre et d'enregistrement sont dus en sus des frais fixés par le présent Réglement.

Art. 85. Seront enregistrés gratis les actes de poursuites et tous autres actes tant en action qu'en défense, ayant pour objet le recouvrement de cotes de contributions dont le total n'excéderait pas la somme de 100 fr. (*Art. 6 de la loi du* 16 *juin* 1824).

Art. 86. Seront exempts de la formalité de l'enregistrement tous actes de poursuites, les procès-verbaux de vente exceptés, quelle que soit la quotité de la somme due, lorsque les contribuables justifieront de leur libération complète à l'agent des poursuites, avant que ces actes aient été présentés à l'enregistremeut dans les délais prescrits; mais, dans ce cas, cet agent est tenu de mentionner sur son répertoire la date du paiement fait par le redevable, d'après la quittance délivrée par le Receveur-Percepteur (*Décision ministérielle du* 28 *juin* 1822).

Art. 87. Chacun des actes de poursuites faits par le porteur de contraintes, le garnisaire ou l'huissier, en relate le prix, sauf la taxe, à peine de nullité.

Les porteurs de contraintes et les huissiers devront désormais se servir, pour les actes qu'ils sont chargés de faire, d'un papier de couleur différente pour chaque degré de poursuites, qui sera revêtu du timbre ou cachet du Receveur central; ce papier sera remis en compte par ce comptable aux Receveurs-Percepteurs.

Art. 88. Les fixations déterminées pour le prix des divers actes de poursuites seront affichées dans le lieu le plus apparent de chaque bureau de perception.

Art. 89. Le Receveur central fait imprimer les formules de bulletins de sommations avec frais, de garnison collective ou individuelle, et généralement tous les modèles d'actes et de procès-verbaux relatifs aux poursuites, ainsi que les états de frais dont il sera question à l'art. 111; ces différens imprimés seront fournis par le Receveur central aux porteurs de contraintes, aux huissiers et aux Receveurs-Percepteurs, sur leur demande (1).

Les frais d'impression, fixés d'avance par le Préfet, sur la proposition du Receveur central, seront supportés, soit par les agens des poursuites, soit par les Receveurs-Percepteurs, soit enfin par le Receveur central, chacun en ce qui le concerne, ainsi qu'il est déterminé pour chaque nature d'imprimé par la décision ministérielle du 23 juillet 1822; il ne peut y avoir lieu à aucune répétition contre les contribuables pour le prix de ces imprimés.

CHAPITRE IV.

Des agens des poursuites.

Art. 90. Les poursuites en matière de contributions directes sont exercées par des porteurs de contraintes, par des garnisaires et par des huissiers.

Des porteurs de contraintes.

Art. 91. Les porteurs de contraintes sont employés pour la délivrance des

(1) Voyez à la suite du Réglement l'état relatif aux frais d'impressions, page 81.

sommations sans frais et avec frais, et pour la notification des garnisons collectives; ils peuvent aussi être chargés d'exercer la garnison individuelle, à défaut de garnisaire, et en vertu de l'autorisation spéciale qui est donnée à cet égard par le Préfet.

Ils sont tenus également, pendant leur tournée, de prendre sur les contribuables qui leur sont indiqués tous les renseignemens nécessaires pour la direction des poursuites.

Art. 92. Le nombre de porteurs de contraintes nécessaires pour le service de la ville de Paris sera fixé ultérieurement par le Préfet, sur la proposition du Receveur central, d'après les besoins de chaque arrondissement de perception.

Art. 93. Les porteurs de contraintes seront nommés par le Préfet, sur la proposition du Receveur central, d'après une liste de trois candidats dressée par le Receveur-Percepteur. Ils devront être domiciliés dans la ville, savoir lire, écrire et calculer, et avoir une instruction suffisante pour exécuter régulièrement toutes les opérations dont ils seront chargés. Les invalides et les militaires retirés réunissant ces conditions seront choisis de préférence.

Art. 94. Il sera délivré une commission spéciale (*Modèle n.* 21) aux porteurs de contraintes, qui prêteront serment devant le Secrétaire général de la Préfecture.

Art. 95. Aucun des individus attachés au service des autorités administratives, du Receveur central ou des Receveurs-Percepteurs, ne peut remplir les fonctions de porteur de contraintes.

Art. 96. Les porteurs de contraintes, dans l'exercice de leurs fonctions, doivent être munis de leur commission. Ils la mentionnent dans leurs actes, et la représentent quand ils en sont requis.

Art. 97. Les porteurs de contraintes ne sont point assujétis au droit de patente; ils ne jouissent d'aucun traitement fixe; ils ne sont payés qu'autant qu'ils sont employés, et en raison du nombre des actes de poursuites notifiés.

Art. 98. Les porteurs de contraintes, dans la ville de Paris, sont à la disposition du Receveur central, qui leur donne un ordre de service pour chaque arrondissement de perception (*Modèle n°.* 22); il peut les envoyer temporairement d'un arrondissement dans un autre, suivant qu'il le juge nécessaire pour les besoins du service, ou sur la demande qui lui en est faite par les Receveurs-Percepteurs.

Art. 99. Les porteurs de contraintes sont sous la direction et la surveillance immédiate des Receveurs-Percepteurs près desquels ils sont placés; ils doivent expédier et distribuer sans délai tous les bulletins de sommations et de garnisons collectives qu'ils ont ordre de notifier, ainsi que tous les avis relatifs au service de la perception, dans les rapports des Receveurs-Percepteurs avec les contribuables.

Des garnisaires.

Art. 100. Les garnisaires sont nommés par le Préfet, sur la proposition du Receveur central. Ils sont nécessairement choisis parmi d'anciens militaires, et doivent toujours porter leur uniforme dans l'exercice de leurs fonctions.

Art. 101. Les dispositions des articles 93, 94, 95, 96, 97 et 98 concernant les porteurs de contraintes, sont communes aux garnisaires.

Des huissiers.

Art. 102. Un huissier, pour chaque arrondissement de perception, sera exclusivement chargé de faire tous les actes de poursuites judiciaires relatifs au recouvrement des contributions directes; il sera nommé par le Préfet, sur la proposition du Receveur central, et choisi parmi ceux qui sont attachés aux tribunaux du département de la Seine, à la charge de se conformer, pour le coût des frais, aux fixations arrêtées par le Préfet.

Des commissaires-priseurs.

Art. 103. Deux commissaires-priseurs seront aussi exclusivement chargés de toutes les ventes qui auront lieu pour le recouvrement des contributions directes. Ils seront désignés par le Préfet parmi ceux qui exercent ces fonctions à Paris, en exécution de la loi du 27 ventôse an 9.

DISPOSITIONS GÉNÉRALES APPLICABLES AUX DIVERS AGENS DES POURSUITES.

Art. 104. Les porteurs de contraintes, garnisaires et huissiers ne peuvent, dans aucun cas ni sous aucun prétexte, recevoir aucune somme des Receveurs-Percepteurs ni des contribuables, pour leur salaire ou pour les contributions, sous peine de destitution.

Les sommes qui leur seraient dues par les Receveurs-Percepteurs, à quelque titre que ce puisse être, leur seront payées par l'intermédiaire du Receveur central, d'après les dispositions arrêtées à cet égard par le Préfet.

Les Receveurs-Percepteurs qui leur remettraient des fonds en resteraient responsables, et les contribuables qui paieraient entre leurs mains s'exposeraient à payer deux fois.

Art. 105. Dans le répertoire que les huissiers sont obligés de tenir, conformément aux dispositions de l'article 50 de la loi du 22 frimaire an 7, ils devront mentionner, dans une colonne distincte, et d'après les fixations arrêtées par le Préfet, le coût de chacun des actes qu'ils feront pour le recouvrement des contributions directes. Ils communiqueront leur répertoire aux Receveurs-Percepteurs, au Receveur central et au Préfet, toutes les fois qu'ils en seront requis.

Art. 106. En cas d'injure ou de rébellion contre les agens des poursuites, ceux-ci se retirent devant le commissaire de police pour en dresser procès-verbal; ce procès-verbal est enregistré et envoyé au Préfet, lequel défère le fait aux tribunaux, s'il y a lieu.

TITRE III.

RECOUVREMENT, JUSTIFICATION ET RÉGLEMENT DES FRAIS DE POURSUITES, ET PAIEMENT DU SALAIRE DES AGENS.

Art. 107. Les frais relatifs aux différens actes de poursuites autorisés par le présent Réglement, ne peuvent être payés en d'autres mains que celles du Receveur-Percepteur, en son bureau de recette et sur sa quittance.

Art. 108. Le recouvrement des frais s'opérera en même temps que celui des contributions qui y auront donné lieu, et conformément aux fixations arrêtées par le présent Réglement. Le montant en sera prélevé sur la somme versée pour acquitter les contributions, et sous la réserve de la taxe qui en sera faite par le Préfet.

Art. 109. Le Receveur-Percepteur inscrira sur le registre de recette les

frais par lui perçus; la quittance sera commune aux contributions et aux frais, mais avec mention distincte de chaque nature de paiement; cette quittance sera également inscrite sur le registre du Contrôleur aux recettes, séparément pour les deux sommes.

Art. 110. Le montant des frais recouvrés sera versé chaque jour au Trésor, pour le compte du Receveur central, avec les recettes provenant des contributions.

Art. 111. A la fin de chaque mois, le Receveur central dressera un bordereau du montant de tous les frais versés, pendant le mois, pour chaque arrondissement de perception (*Modèle* n°. 23). Ce bordereau, dans lequel seront distingués les frais faits par les porteurs de contraintes et les garnisaires d'avec ceux faits par les huissiers, sera transmis à la Préfecture.

Art. 112. A la même époque, chaque Receveur-Percepteur adressera également au Préfet, par l'intermédiaire du Receveur central, deux bordereaux distincts et séparés, constatant les frais recouvrés pendant le mois, l'un pour les poursuites exercées par les porteurs de contraintes et les garnisaires, l'autre pour les actes faits par les huissierset les commissaires-priseurs (*Modèles* n°s. 24 et 25).

Ces bordereaux, qui seront vérifiés et certifiés par les Contrôleurs aux recettes, et dans lesquels les frais perçus seront établis d'après le nombre et la nature des différens actes de poursuites, serviront de base pour la liquidation et la taxe desdits frais.

Art. 113. Les originaux des actes de commandement, saisie et vente, et de tous autres actes, ainsi que le mandement ou l'autorisation qui les aura prescrits, seront joints à l'appui du bordereau relatif aux frais faits par les huissiers.

Art. 114. Seront rejetés de la taxe et mis à la charge de l'agent qui aura exécuté les poursuites ou du comptable qui les aura provoquées :

1°. Les frais des actes sujets à l'enregistrement, et dont les originaux ne seraient pas représentés;

2°. Les frais concernant des poursuites qui n'auraient pas été précédées d'une contrainte dans la forme prescrite, ou de toute autre autorisation spéciale;

3°. Tous frais faits contre des contribuables notoirement insolvables ou pour des taxes résultant d'erreurs évidentes sur les rôles, et dont le Receveur-Percepteur aurait négligé de demander la rectification;

4°. Les poursuites de toute nature exercées arbitrairement, ou dans un ordre contraire à celui qui est tracé par le présent Réglement.

Art. 115. Après avoir fait vérifier les états fournis en exécution des articles précédens, le Préfet arrêtera le montant de ces états et en ordonnancera ensuite le paiement au profit des agens des poursuites.

Le mode de répartition et d'ordonnancement de ces frais, en ce qui concerne les porteurs de contraintes, sera réglé par un arrêté spécial du Préfet, lequel sera soumis à l'approbation du Ministre des Finances.

Art. 116. Les originaux des actes de poursuites et autres pièces jointes aux états de frais, seront renvoyés aux Receveurs-Percepteurs et resteront déposés entre leurs mains, pour y avoir recours au besoin.

Art. 117. Le montant des réductions prononcées par le Préfet sur les états de frais sera restitué aux contribuables, comme excédant de frais perçus; cette restitution aura lieu dans la forme usitée pour les excédans provenant des contributions directes.

Art. 118. Sur le produit des frais recouvrés et versés au Trésor, le Receveur central paiera aux agens des poursuites le montant des sommes respectivement ordonnancées à leur profit, et sur la quittance qu'ils en donneront, soit au pied, soit en marge des états de répartition ordonnancés suivant le mode tracé à cet effet.

Il est expressément interdit aux Receveurs-Percepteurs de payer directement aux agens des poursuites les salaires qui leur sont dus.

Art. 119. Le Receveur central sera tenu de constater dans ses écritures, à deux comptes spéciaux, la totalité des sommes versées à sa caisse pour frais de poursuites, et le montant des paiemens faits par lui sur ces frais, en vertu des états arrêtés par le Préfet. Ces états, acquittés par les agens des poursuites, seront produits à la Cour des Comptes par le Receveur central, à l'appui de son compte annuel.

Art. 120. Tout contribuable poursuivi en paiement de frais, de quelque nature qu'ils soient, a le droit d'exiger la communication, soit en ce qui concerne la sommation avec frais, du registre sur lequel elle doit être préalablement inscrite, soit à l'égard de la garnison collective ou individuelle, de la contrainte décernée et rendue exécutoire, ainsi que des originaux des actes faits contre lui par ministère d'huissier.

Art. 121. A la fin de chaque trimestre, le Préfet transmettra au Ministre des Finances, dans la forme prescrite par les instructions, et d'après les bordereaux qui doivent être fournis chaque mois par les Receveurs-Percepteurs et par le Receveur central, un état constatant le montant des frais de poursuites recouvrés.

Art. 122. Indépendamment de la surveillance qui doit être exercée par l'autorité administrative sur les poursuites et les frais auxquels elles donnent lieu, le Receveur central est chargé de veiller à la direction qui leur est donnée par les Receveurs-Percepteurs, de prendre des informations sur la conduite des porteurs de contraintes, des garnisaires et des huissiers, dans l'exercice des poursuites, de s'assurer que lesdites poursuites ne sont faites que dans les cas prévus, dans les formes voulues et suivant les tarifs arrêtés, et de provoquer des mesures de répression contre les abus qui parviendraient à sa connaissance.

Fait à Paris, le 20 décembre 1833.

Signé Cte. DE RAMBUTEAU.

Pour ampliation :

Le Maître des Requêtes, Secrétaire général de la Préfecture,

Signé L. DE JUSSIEU.

ARRÊTÉ

Relatif au mode de paiement du produit des frais de poursuites administratives aux porteurs de contraintes, dans la Ville de Paris.

Nous, Conseiller d'État, Préfet du Département la Seine,

Vu les articles 90 à 99, 104, 110, 115, 118 et 119 de notre arrêté de ce jour, contenant réglement sur les poursuites pour le recouvrement des contributions directes, dans la Ville de Paris;

Considérant que les différentes obligations imposées aux porteurs de contraintes par le Réglement ci-dessus visé, pour les besoins exclusifs du service, sont de nature à exiger tout leur temps, et que, dès-lors, il est juste qu'ils puissent trouver dans leur travail un salaire qui leur assure des moyens d'existence suffisans;

Considérant que, dans certains arrondissemens de perception, les frais de poursuites produisent des sommes assez considérables, tandis que, dans d'autres, ce produit ne suffit pas pour rétribuer les porteurs de contraintes; que cependant ces agens étant employés partout constamment, sont également utiles, et qu'en conséquence, pour qu'ils puissent être rétribués chacun, tant en raison du nombre des actes par eux notifiés, que dans une proportion relative à leur travail journalier, il y a lieu de réserver une partie des frais de poursuites recouvrés pour former un fonds commun, qui sera réparti entre eux, à la fin de chaque mois, par égale portion;

Considérant, d'un autre côté, que la nécessité de donner une date certaine à la distribution des avertissemens aux contribuables, exige que les Receveurs-Percepteurs de Paris aient la faculté d'employer de préférence à cette remise les porteurs de contraintes, sauf par eux à leur abandonner le produit des deux centimes affectés par la loi à ce service particulier;

Arrêtons :

Article Premier.

Le produit des frais de poursuites administratives recouvré en matière de contributions directes, sera désormais divisé en deux parties égales : la première moitié sera payable aux porteurs de contraintes, en raison du nombre des actes notifiés par chacun d'eux ; la seconde sera réservée pour former un fonds commun, qui sera distribué, à la fin de chaque mois, à ces mêmes agens, par égale portion.

ART. 2.

Le paiement des sommes revenant aux porteurs de contraintes, à ces différens titres, sera effectué par le Receveur central, d'après les dispositions faites par nous à ce sujet.

ART. 3.

Les Receveurs-Percepteurs de Paris sont autorisés à charger les porteurs de contraintes de la distribution à domicile des avertissemens. Cette distribution continuera à s'effectuer au nom et sous la responsabilité des Receveurs-Percepteurs, et donnera droit au porteurs de contraintes, au produit des deux centimes affectés à ce service. L'allocation dont il s'agit sera répartie entre les porteurs de contraintes, dans la proportion des avertissemens distribués par chacun d'eux.

ART. 4.

Le présent arrêté sera transmis par ampliation au Receveur central, et notifié à qui de droit.

Fait à Paris, le 20 décembre 1833.

Signé Cte. DE RAMBUTEAU.

Le Maître des Requêtes, Secrétaire général de la Préfecture,

Signé L. DE JUSSIEU.

(No. 1.)

CONTRIBUTIONS DIRECTES.

REGISTRE destiné à inscrire les déclarations de déménagement.

(*Du* 183)

Je soussigné (*) de la Maison sise rue n°. déclare que M. locataire dans cette maison, doit déménager le prochain.

(*) On indiquera dans ce blanc si le déclarant est propriétaire ou principal locataire.

(*Du* 183)

(*Du* 183)

PRÉFECTURE

DU DÉPARTEMENT DE LA SEINE.

VILLE DE PARIS.

Arrondissement de perception.

N°. du registre des déclarations.

(N°. 2.)

CONTRIBUTIONS DIRECTES.

EXTRAIT *du Registre des déclarations de déménagement.*

Je soussigné, Receveur-Percepteur des contributions directes du arrondissement, reconnais que M. propriétaire (ou principal-locataire), d'une maison sise rue n°. m'a déclaré cejourd'hui que M. son locataire, doit déménager le prochain.

La présente reconnaissance ayant pour objet d'éviter la garantie des taxes dues par ledit locataire, ne pourra avoir son effet qu'aux conditions suivantes :

1°. Le déclarant est tenu d'empêcher la sortie de tous meubles et effets appartenant audit locataire, jusqu'au jour fixé par ladite déclaration, à moins qu'il ne lui ait été préalablement justifié de l'entier paiement des contributions, à raison desquelles cette déclaration a été faite ;

2°. En cas de déménagement furtif, le déclarant s'engage également à le faire constater, dans les trois jours, soit par le Maire ou son Adjoint, soit par le Commissaire de Police ou le Juge-de-Paix, à peine de demeurer garant desdites taxes.

Fait à Paris, le 183

PRÉFECTURE
DU DÉPARTEMENT DE LA SEINE.

VILLE DE PARIS.

Arrondissement municipal.

Quartier

(N°. 3.)

CONTRIBUTIONS DIRECTES.

CERTIFICAT *de déménagement furtif, sur déclaration.*

(*) (Maire ou Adjoint ou Commissaire de Police ou Juge-de-Paix.)

(**) (Indiquer la qualité de propriétaire, de principal locataire ou de régisseur.)

Je soussigné, (*) certifie que M. (**) d'une maison sise rue n°. s'est présenté cejourd'hui à mon bureau, pour y faire la déclaration que M. locataire dans ladite maison, est déménagé furtivement le lequel fait a été attesté véritable par les sieurs demeurant rue n°. et demeurant n°. dont la bonne foi et la moralité me sont connues, lesquels ont signé leur attestation.

En foi de quoi j'ai délivré le présent certificat, pour servir et valoir ce que de raison.

Fait à Paris, *le* 183

PRÉFECTURE
DU DÉPARTEMENT DE LA SEINE.

VILLE DE PARIS.

Arrondissement municipal.

Quartier

(N°. 4.)

CONTRIBUTIONS DIRECTES.

CERTIFICAT *de déménagement furtif, après transport au domicile.*

Je soussigné, (*) certifie que, sur la réquisition de M. (**) d'une maison sise rue n°. je me suis transporté dans ladite maison pour y constater le déménagement furtif du sieur . locataire, et qu'il résulte, tant de la déclaration du requérant que des renseignemens que j'ai pris moi-même sur les lieux, que le locataire a, en effet, enlevé furtivement ses meubles et effets du logement qu'il occupait dans ladite maison, et que cet enlèvement furtif a eu lieu le

En foi de quoi j'ai délivré le présent certificat, pour servir et valoir ce que de raison.

Fait à Paris, le 183

(*) (Maire ou Adjoint ou Commissaire de Police ou Juge-de-Paix.)

(**) (Indiquer la qualité de propriétaire, de principal locataire ou de régisseur.)

PRÉFECTURE

DU DÉPARTEMENT DE LA SEINE.

VILLE DE PARIS.

Arrondissement de Perception.

Quartier

(N°. 5.)

CONTRIBUTIONS DIRECTES.

RÉCÉPISSÉ *de certificat de déménagement furtif.*

Je soussigné, Receveur-Percepteur du arrondissement de Perception de Paris, certifie que M. (*) d'une maison sise rue n°. a déposé ce-jourd'hui, entre mes mains, un certificat constatant que le sieur locataire dans ladite maison, est déménagé furtivement le lequel certificat a été dressé à la requête du déclarant, pour lui servir et valoir ce que de raison; en foi de quoi je lui ai délivré le présent.

Fait à Paris, le 183

(*) (Indiquer la qualité de propriétaire, de principal-locataire ou régisseur.)

N°. 6)

PRÉFECTURE
DU DÉPARTEMENT DE LA SEINE.

VILLE DE PARIS.

Arrondissement de Perception.

M.
Receveur-Percepteur.
Rue N°.

Le Bureau est ouvert tous les jours, excepté les Dimanches et Fêtes, depuis 9 heures du matin jusqu'à 3.

CONTRIBUTIONS DIRECTES.

SOMMATION SANS FRAIS.

(Loi du 15 mai 1818, art. 51.)

Quartier

Rue *N°*.

Bordereau *des Sommes dues.*

ANNÉES ET NATURE des Contributions.	Folios.	Articles.	MONTANT des taxes.	ACOMPTES payés.	RESTANT dû.
183					
Foncier.......					
Portes et fenêt.					
Mobilier......					
Patentes......					
Bourse........					
Poids et Mesures.					

Le Contribuable est averti que le paiement doit être fait au bureau de la Perception et non ailleurs, à peine de nullité.

M. demeurant à Paris, rue n°. est requis de payer, sans retard, les termes échus de ses contributions énoncées dans le Bordereau ci-contre. Il est prévenu que, faute de paiement dans le délai de *huit jours*, il sera poursuivi suivant les voies autorisées par les lois et réglemens sur le recouvrement des Contributions directes.

A Paris, le 183

Le Receveur-Percepteur

(N°. 7.)

PRÉFECTURE
DU DÉPARTEMENT DE LA SEINE.

CONTRIBUTIONS DIRECTES.

VILLE DE PARIS.

Arrondissement de Perception.

REGISTRE servant à inscrire nominativement et jour par jour les Sommations avec frais expédiées et notifiées à la requête du Receveur-Percepteur du arrondissement de Perception.

Nos. D'ORDRE du présent REGISTRE.	Exercice.	Folo du RÔLE.	Art. du RÔLE.	NATURE des CONTRIBons.	SOMMES DUES.	NOMS DES CONTRIBUABLES retardataires.	PROFESSION et domicile DES CONTRIBUABLES.	OBSERVATIONS.

PRÉFECTURE
DU DÉPARTEMENT DE LA SEINE.

VILLE DE PARIS.

Arrondissement de Perception.

M.

Receveur-Percepteur,

Rue No.

Le Bureau est ouvert tous les jours, excepté les Dimanches et Fêtes, depuis 9 heures du matin jusqu'à 3.

No. du Registre.

(No. 8.)

CONTRIBUTIONS DIRECTES.

SOMMATION AVEC FRAIS.

Quartier

Rue No.

M.

BORDEREAU *des Sommes dues.*

ANNÉES ET NATURE des Contributions.	Folios.	Articles.	MONTANT des taxes.	ACOMPTES payés.	RESTANT dû.
183					
Foncier.......					
Portes et fenêt.					
Mobilier......					
Patentes.......					
Bourse........					
Poids et mesures.					

Le coût du présent acte s'élève, savoir :
Pour un débet de 25 fr. et au-dessous.... 25 c.
Id. au-dessus de 25 et jusqu'à 50... .. 50
Id. au-dessus de 50 et jusqu'à 100..... 75
Id. au-dessus de 100 .... 1 f »
(*Arrêté du Préfet du art. 28*).

Ces frais sont payables, ainsi que le principal, au Bureau de la Perception, et non ailleurs, à peine de nullité du paiement.

AU NOM DE LA LOI,

Et en exécution de l'article 26 de l'arrêté de M. le Préfet du Département de la Seine, en date du 20 décembre 1833 ;

L'an 183 le à la requête du Receveur-Percepteur des Contributions directes du arrondissement de Perception de la Ville de Paris ;

Je soussigné, Porteur de contraintes pour le recouvrement desdites Contributions, dûment commissionné et assermenté ;

Somme le contribuable susnommé, déjà requis par *sommation gratis*, de payer le montant des termes échus sur les contributions dont le détail est ci-contre ; lui déclarant qu'à défaut de paiement dans le délai de *trois jours*, il sera poursuivi par voie de *garnison*, conformément aux lois, arrêtés et réglemens sur le recouvrement de l'impôt direct, et lui ai, audit domicile, laissé la présente *sommation avec frais*, dont le coût est de

PREFECTURE
DU DÉPARTEMENT DE LA SEINE.

VILLE DE PARIS.

Arrondissement de Perception.

Quartier

État de contrainte. N°.

(N°. 9.)

CONTRIBUTIONS DIRECTES.

CONTRAINTE par voie de Garnison collective.

ÉTAT des Contribuables qui, n'ayant pas satisfait à la sommation avec frais qui leur a été notifiée, sont passibles de la poursuite par voie de garnison collective, aux termes de l'art. 29 de l'arrêté de M. le Préfet, en date du 20 décembre 1833.

Nos. d'ordre du présent état.	NOMS des CONTRIBUABLES.	LEURS PROFESSIONS et DOMICILES.	DÉSIGNATION des EXERCICES.	NATURE des CONTRIBUTIONS.	ARTICLES des RÔLES.	MONTANT des TAXES.	ACOMPTES PAYÉS.	SOMMES restant DUES.	OBSERVATIONS.

Le Receveur-Percepteur, soussigné, certifie le présent État véritable, et décerne la contrainte par voie de garnison collective contre les redevables ci-dessus dénommés, et subsidiairement par voie de commandement, s'il y a lieu.

A Paris, le 183

Vu et enregistré à la Préfecture du département de la Seine, sous le N°.
Le présent État, contenant articles, pour être exécuté selon sa forme et teneur.

A Paris, le 183

Par autorisation du Préfet.

Je soussigné, porteur de contraintes près le Receveur-Percepteur du arrondissement de Perception de Paris, certifie avoir notifié aux contribuables désignés dans l'Etat qui précède les bulletins de garnison collective qui les concernent.

A Paris, le 183

(N°. 10.)

PRÉFECTURE

DU DÉPARTEMENT DE LA SEINE.

VILLE DE PARIS.

Arrondissement de Perception.

M.

Receveur-Percepteur,

Rue N°.

Le Bureau est ouvert tous les jours, excepté les Dimanches et Fêtes, depuis 9 heures du matin jusqu'à 3.

N°. de l'état de contrainte.

N°. d'ordre de cet état

CONTRIBUTIONS DIRECTES.

BULLETIN DE GARNISON COLLECTIVE.

Quartier

Rue N°.

M.

***BORDEREAU** des Sommes dues.*

ANNÉES ET NATURE des contributions.	Folios.	Articles.	MONTANT des taxes.	ACOMPTES payés.	RESTANT dû.
183					
Foncier........					
Portes et fenêtr.					
Mobilier.......					
Patentes.......					
Bourse.........					
Poids et mesur.					

Le coût du présent acte s'élève, savoir :

Pour un débet de 25 fr. et au-dessous, ... [illegible]

Au-dessus de 25 fr. et jusqu'à 50 fr............. 50

Au-dessus de 50 fr. et jusqu'à 100 fr............ [illegible]

Au-dessus de 100 fr.............................. 1 f. »

Ces frais sont payables, ainsi que le principal, au Bureau de la Perception, et non ailleurs, à peine de nullité du paiement.

AU NOM DE LA LOI,

Et en exécution de l'article 30 de l'arrêté de M. le Préfet du département de la Seine, en date du 20 décembre 1832;

L'an 183 , le à la requête du Receveur-Percepteur des contributions directes du arrondissement de Perception de la Ville de Paris, et en vertu de la contrainte décernée par lui et visée par M. le Préfet,

Je soussigné, porteur de contraintes pour le recouvrement des contributions directes dans ladite Ville, commissionné et assermenté,

Déclare au Contribuable susnommé, déjà poursuivi par *sommation avec frais*, qu'il est soumis à la contrainte par voie de garnison collective, et itérativement sommé de payer le montant des termes échus sur les contributions, dont le détail est ci-contre; le prévenant en outre qu'à défaut de paiement dans le délai de *trois jours*, il y sera contraint, soit par voie de *garnison individuelle à domicile*, soit par voie de *commandement*, jusqu'à parfait paiement de ladite somme, et lui ai, audit domicile, laissé le présent bulletin, dont le coût est de

PRÉFECTURE

DU DÉPARTEMENT DE LA SEINE.

VILLE DE PARIS.

Arrondissement de perception.

Quartier

État N°.

(N°. 11.)

CONTRIBUTIONS DIRECTES.

CONTRAINTE par voie de garnison individuelle.

ÉTAT des Contribuables qui, n'ayant point satisfait à la sommation avec frais qui leur a été notifiée (*) sont passibles de la poursuite par voie de garnison individuelle, aux termes de l'art. 34 de l'arrêté de M. le Préfet, en date du 20 décembre 1833.

(*) Quand la garnison collective a eu lieu, ajouter : *ni à la garnison collective exercée contre eux.*

Nos. d'ordre du présent état.	NOMS des CONTRIBUABLES.	PROFESSION ET DOMICILE DES CONTRIBUABLES.	DÉSIGNATION des EXERCICES.	ARTICLES des RÔLES.	NATURE des CONTRIBUTIONS.	MONTANT des TAXES.	ACOMPTES PAYÉS.	SOMMES restant DUES.	Nombre des Journées de garnison employées.	OBSERVATIONS.

Le Receveur-Percepteur, soussigné, certifie le présent État véritable, et décerne la contrainte par voie de garnison individuelle contre les redevables ci-dessus désignés, et subsidiairement par voie de commandement, s'il y a lieu.

A Paris, le . 183

Vu et enregistré à la Préfecture de la Seine, sous le N°. le présent État, contenant articles, pour être exécuté selon sa forme et teneur, conformément à l'autorisation spéciale délivrée cejourd'hui.

Paris le 183

Je soussigné (*) certifie avoir remis aux Contribuables dénommés en la présente contrainte, les bulletins de garnison individuelle qui leur étaient destinés, et être resté au domicile de ces redevables pendant le temps indiqué dans l'Etat qui précède.

Paris, le 183

(*) [Porteur de contraintes ou garnisaire.]

PRÉFECTURE
DU DÉPARTEMENT DE LA SEINE.

VILLE DE PARIS.

Arrondissement de Perception.

M.

Receveur-Percepteur,

Rue N°.

Le bureau est ouvert tous les jours, excepté les Dimanches et Fêtes, depuis 9 heures du matin jusqu'à 3.

N°. de l'état de contrainte.

N°. d'ordre de cet état

BORDEREAU *des Sommes dues*.

ANNÉES ET NATURE des Contributions.	Folios.	Articles	MONTANT des taxes.	ACOMPTES payés.	RESTANT dû.
183					
Foncier.......					
Portes et fenêtr.					
Mobilier......					
Patentes......					
Bourse........					
Poids et mesur.					

(N°. 12.)

CONTRIBUTIONS DIRECTES.

BULLETIN

DE GARNISON INDIVIDUELLE A DOMICILE.

Quartier

Rue N°.

M.

AU NOM DE LA LOI,

Et en exécution de l'art. 36 de l'arrêté de M. le Préfet du département de la Seine, en date du 20 décembre 1833;

L'an 183 , le à la requête du Receveur-Percepteur du arrondissement de Perception de la Ville de Paris, et en vertu de la contrainte décernée par lui et visée par M. le Préfet,

Je soussigné (*porteur de contrainte ou garnisaire*) pour le recouvrement des contributions directes dans ladite ville, commissionné et assermenté;

Déclare au contribuable susnommé, déjà poursuivi par voie de *garnison collective*, que je m'établis pour deux jours en *garnison réelle* dans son domicile, pour avoir paiement des termes échus sur les contributions dont le détail est ci-contre; le prévenant en outre, qu'à défaut de paiement dans le délai de deux jours, il sera procédé contre lui par voie de *commandement*, *saisie-exécution et vente*, et lui ai, audit domicile, laissé le présent bulletin.

Le coût est fixé à deux francs par jour.

(N°. 13.)

PRÉFECTURE
DU DÉPARTEMENT DE LA SEINE.

VILLE DE PARIS.

Arrondissement de Perception.

M.
Receveur-Percepteur,
Rue No.

Le Bureau est ouvert tous les jours, excepté les Dimanches et Fêtes, depuis 9 heures du matin jusqu'à 3.

No. de l'état de contrainte.
Article de cet état.

Bordereau *des Sommes dues.*

ANNÉES ET NATURE des Contributions.	Folios.	Articles.	MONTANT des taxes.	ACOMPTES payés.	RESTANT dû.
183					
Foncier......					
Portes et fenêt.					
Mobilier......					
Patentes.....					
Bourse......					

CONTRIBUTIONS DIRECTES.

MANDEMENT PAR VOIE DE COMMANDEMENT.

Quartier

Rue N°.

M.

Le Receveur-Percepteur du arrondissement de Perception de Paris, soussigné, en vertu de la contrainte décernée par lui le et visée par M. le Préfet le délivre le présent mandement par voie de commandement contre M

demeurant au domicile ci-dessus indiqué, afin de paiement de la somme de

due par lui, conformément au Bordereau ci-contre.

Le présent mandement sera mis à exécution par l'huissier commis pour faire, dans cet arrondissement, les actes relatifs au recouvrement des Contributions directes, en se conformant aux lois, arrêtés et réglemens sur cette matière.

A Paris, le 183

Le Receveur-Percepteur,

(N°. 14.)

PRÉFECTURE
DU DÉPARTEMENT DE LA SEINE.

VILLE DE PARIS.

Arrondissement de Perception.

ÉTAT N°.

CONTRIBUTIONS DIRECTES.

DEMANDE EN AUTORISATION DE SAISIE.

ÉTAT *des Contribuables qui, n'ayant point satisfait au commandement qui leur a été notifié, sont dans le cas d'être poursuivis par voie de saisie-exécution et vente de meubles.*

N^{os}. d'ordre du présent état.	NOMS, PROFESSIONS ET DEMEURES des contribuables.	Désignation des Exercices.	ARTICLES des rôles.	NATURE des contributions.	MONTANT des taxes.	ACOMPTES payés.	SOMMES restant dues.	DATES des contraintes par voie de garnison et de commandement.	DATES des commandemens.	OBSERVATIONS.

Le Receveur-Percepteur, soussigné, certifie le present état véritable, et demande l'autorisation de poursuivre les redevables y dénommés, par voie de saisie-exécution et vente de meubles.

A Paris, le 183

LE PRÉFET DU DÉPARTEMENT DE LA SEINE,

Vu la demande du Receveur-Percepteur des Contributions directes du arrondissement de perception de Paris, tendant à obtenir l'autorisation de faire saisir-exécuter et vendre les meubles et effets des contribuables ci-dessus dénommés, à fin de paiement des sommes respectivement dues par chacun d'eux ;

Les actes originaux des poursuites décernées individuellement contre ces contribuables ;

ARRÊTE :

ARTICLE PREMIER.

Le Receveur-Percepteur des Contributions directes du arrondissement de perception de Paris, est autorisé à faire saisir exécuter et vendre, dans les formes prescrites par les lois, arrêtés et réglemens relatifs au recouvrement des Contributions directes, et aux époques indiquées au tableau de l'autre part, les meubles et effets des contribuables ci-devant désignés, pour avoir paiement des sommes respectivement dues par chacun d'eux.

ART. II.

Dans le cas où l'huissier ne pourrait exécuter sa commission pour cause de refus d'ouverture des portes du domicile des contribuables, il dressera autant d'actes simples, constatant ces refus, qu'il y aura d'individus refusans, et invitera par écrit le Commissaire de police du quartier à assister à l'ouverture desdites portes.

ART. III.

A défaut de paiement dans les huit jours de la date des saisies, le Receveur-Percepteur pourra, en vertu du présent arrêté, faire vendre les meubles et effets saisis.

ART. IV.

Tous officiers civils et militaires sont invités et, en tant que de besoin, requis de prêter aide et assistance, pour que force reste à la loi.

ART. V.

Ampliation du présent arrêté sera adressée au Receveur-Percepteur du arrondissement de perception de Paris, chargé de son exécution.

A Paris, *le* 183

PRÉFECTURE

DU DÉPARTEMENT DE LA SEINE.

(N°. 15.)

CONTRIBUTIONS DIRECTES.

VILLE DE PARIS.

Arrondissement de Perception.

MANDEMENT

PAR VOIE DE SAISIE DE MEUBLES.

Arrêté d'autorisation N°.

Art.

Quartier

Rue *N°.*

BORDEREAU des Sommes dues.

Folios.	Articles.	ANNÉES ET NATURE des contributions.	SOMMES.	
		183		
		Foncier................		
		Portes et fenêtres.........		
		Mobilier...............		
		Patente.................		
		Bourse..........		
		Poids et Mesures.........		
		TOTAL.....		

Le soussigné, Receveur-Percepteur des Contributions directes du arrondissement de Perception, en vertu de l'autorisation accordée par arrêté de M. le Préfet, en date du

Mande au sieur huissier commis par M. le Préfet pour faire, dans cet arrondissement, les actes de poursuites relatifs au recouvrement des contributions directes, de saisir les meubles et effets (autres que ceux exceptés par les lois et réglemens) appartenant à M. imposé rue N°. lequel, n'ayant point satisfait au commandement qui lui a été signifié le 183 par l'huissier susdésigné, de payer ses contributions échues, sera poursuivi par voie de saisie jusqu'à fin de paiement tant de la somme de qu'il doit pour les douzièmes échus sur toutes ses contributions détaillées dans le Bordereau ci-contre, que des frais faits et à faire légitimement.

A Paris, le 183

Le Receveur-Percepteur,

(N°. 16.)

PRÉFECTURE
DU DÉPARTEMENT DE LA SEINE.

VILLE DE PARIS.

Arrondissement de Perception.

CONTRIBUTIONS DIRECTES.

PROCÈS-VERBAL DE CARENCE.

Quartier

Rue *N°.*

M.

Bordereau *des Sommes dues.*

EXERCICES ET NATURE des contributions.	Folios.	Articles des rôles.	MONTANT des taxes.	ACOMPTES payés.	RESTANT dû.
183					
Foncier.......					
Portes et fenêt.					
Mobilier......					
Patentes......					
Bourse........					
TOTAUX...					

L'an mil huit cent le je soussigné huissier près le Tribunal de première instance du département de la Seine, séant à Paris, y demeurant, rue n°. patenté, commis par M. le Préfet du département de la Seine pour faire, dans le arrondissement de Perception de Paris, les actes de poursuites relatifs au recouvrement des Contributions directes;

Certifie qu'en exécution du mandement qui m'a été adressé par le Receveur-Percepteur dudit arrondissement, je me suis transporté cejourd'hui au domicile du sieur demeurant rue n° à l'effet de procéder à la saisie de ses meubles et effets, afin de paiement de la somme de qu'il doit sur ses contributions détaillées dans le bordereau ci-contre, où étant, et en présence des sieurs et tous deux domiciliés et établis à Paris, témoins requis de m'accompagner, j'ai reconnu avec eux que le susnommé était dans un état complet de dénûment et d'indigence, ne possédant aucuns meubles et effets saisissables et qui puissent répondre des contributions dues par lui.

Pour quoi et en conformité de l'art. 62 de l'arrêté de M. le Préfet, en date du 20 décembre 1833, j'ai dressé et rédigé de ce que dessus le présent procès-verbal, que j'ai signé avec les deux témoins susdénommés.

(N°. 17.)

PRÉFECTURE DU DÉPARTEMENT DE LA SEINE.

VILLE DE PARIS.

CONTRIBUTIONS DIRECTES.

VENTE

PAR AUTORITÉ DE JUSTICE,

En vertu d'arrêté de M. le Préfet,

Pour cause de retard dans le paiement des termes échus sur lesdites contributions.

(Dans cet espace blanc, on indiquera à la main si la vente aura lieu sur la place du Châtelet, ou si elle se fera au domicile qui, dans ce dernier cas, devra être désigné.)

Le *heure* *midi.*

Cette vente consiste en

Le tout au comptant.

(N°. 18.)

PRÉFECTURE
DU DÉPARTEMENT DE LA SEINE.

VILLE DE PARIS.

Arrondissement de Perception.

M.

Receveur-Percepteur.

CONTRIBUTIONS DIRECTES.

MANDEMENT

PAR VOIE DE SAISIE-ARRÊT.

Quartier

Bordereau *des Sommes dues*

Par M.

Propriétaire de la Maison située

Rue No.

RÔLE DE LA CONTRIB. FONCIÈRE		EXERCICES.	SOMMES.	
Folios.	Articles.			

En vertu du rôle rendu exécutoire pour le recouvrement de la Contribution foncière du quartier ci-dessus désigné, Exercice 183 et conformément à l'art. 75 de l'arrêté de M. le Préfet, en date du 20 décembre 1833, sur les poursuites relatives au recouvrement des Contributions directes dans la Ville de Paris, je soussigné, Receveur-Percepteur du arrondissement de perception, mande au sieur
huissier commis par M. le Préfet, pour exercer lesdites poursuites dans cet arrondissement, de saisir-arrêter entre les mains du sieur
locataire de la maison désignée ci-dessus, toutes les sommes dont il est et sera redevable envers le sieur
propriétaire de ladite maison, et notamment pour le prix de ses loyers échus, ou de ceux à écheoir, à l'époque du et d'enjoindre également audit sieur
de verser entre mes mains le montant desdites sommes, jusqu'à concurrence de celle de
due par le sieur
ainsi qu'il est établi ci-contre, à peine, s'il verse en d'autres mains, de payer deux fois, ainsi que de tous dommages-intérêts et frais.

Fait à Paris, ce 183

Le Receveur-Percepteur,

(N°. 19.)

PRÉFECTURE
DU DÉPARTEMENT DE LA SEINE.

VILLE DE PARIS.

Arrondissement de perception.

M.

Receveur-Percepteur.

Rue N°.

Le Bureau est ouvert tous les jours, excepté les dimanches et fêtes, depuis 9 heures du matin jusqu'à 2 heures.

CONTRIBUTIONS DIRECTES.

Saisie-Arrêt pour l'exercice du privilége sur les loyers, en vertu de la loi du 12 novembre 1808.

Quartier

(Fol. du rôle, art.)

Bordereau des sommes dues par M.
propriétaire de la maison sise rue

	fr. c.	fr. c.
Contribution foncière de ladite maison.....		
Douzièmes échus au ....ci.		
Frais de poursuites..		
Total........		

L'an mil huit cent le en vertu des rôles des contributions directes du quartier de pour l'exercice 183 , et à la requête de M. Receveur-Percepteur du arrondissement de Perception de Paris, lequel fait élection de domicile en son bureau de recettes, rue n°.

Je soussigné, huissier près le tribunal civil de première instance du département de la Seine, séant à Paris, y demeurant rue n°. patenté sous le n°. commis par M. le Préfet du département de la Seine pour faire dans ledit arrondissement de Perception les actes de poursuites relatifs au recouvrement des contributions directes, ai signifié à M. locataire de la maison désignée ci-dessus que, faute par M. propriétaire de ladite maison, d'avoir payé la somme de pour les termes échus et exigibles sur les contributions de cette maison, il ait à garder par devers lui toutes les sommes dont il sera redevable envers ledit propriétaire, notamment le montant du prix de ses loyers échus ou à écheoir à l'époque du avec injonction par le présent de verser audit jour, lesdites sommes jusqu'à concurrence de celle de entre les mains dudit Receveur, sous peine, s'il verse en d'autres mains, de payer deux fois, ainsi que de tous dépens et dommages-intérêts; et pour qu'il n'en puisse prétexter cause d'ignorance, je lui en ai laissé copie en parlant à le sommant de me déclarer quelles sont les sommes dont il est actuellement débiteur envers ledit sieur ou qu'il pourra lui devoir par la suite, si mieux il n'aime faire dans les vingt-quatre heures, cette déclaration à la mairie de l'arrondissement municipal, et lui faisant savoir que, faute par lui de ce faire, il sera considéré comme débiteur des causes de la présente saisie arrêt, et en conséquence poursuivi de la même manière que ledit propriétaire lui-même. A quoi il m'a répondu

de laquelle déclaration j'ai donné acte sous toutes réserves, et notamment sous celle du privilége du trésor royal pour le recouvrement des Contributions directes, lequel privilége sera exercé par le Receveur-Percepteur nonobstant toutes oppositions antérieures à la présente, dont le coût est de

PRÉFECTURE
DU DÉPARTEMENT DE LA SEINE.

VILLE DE PARIS.

Arrondissement de Perception.

M.

Receveur-Percepteur.

Rue   N°.

Le Bureau est ouvert tous les jours, excepté les dimanches et fêtes, depuis 9 heures du matin jusqu'à 2 heures.

(N°. 20.)

CONTRIBUTIONS DIRECTES.

MAIN-LEVÉE DE SAISIE-ARRÊT.

Je soussigné, Receveur-Percepteur des Contributions directes du   arrondissement de Perception, donne par le présent acte main-levée pure et simple de la saisie-arrêt, faite à ma requête par exploit du
sur M.
entre les mains de M.

En conséquence, je consens à ce que, dès ce jour, ce locataire paie à sondit propriétaire toutes les sommes qui peuvent lui être dues.

Fait à Paris, *le*   183

(N°. 21.)

PRÉFECTURE DU DÉPARTEMENT DE LA SEINE.

VILLE DE PARIS.

ARRONDISSEMENT DE PERCEPTION.

CONTRIBUTIONS DIRECTES.

Commission de Porteur de Contraintes.

Le Préfet du Département de la Seine, sur la présentation de M. Receveur central, nomme le sieur porteur de contraintes pour exercer les poursuites relatives au recouvrement des Contributions directes dans la ville de Paris.

Le sieur entrera en fonctions dès ce jour, tant en vertu de la présente nomination, que de la prestation du serment par lui faite cejourd'hui au Secrétariat de la Préfecture. Il se conformera, sous les ordres du Receveur-Percepteur, près duquel il sera placé, aux dispositions des lois, arrêtés et réglemens sur cette matière, et spécialement à celles de l'arrêté du 20 décembre 1832, sur le mode de poursuites dans la ville de Paris.

Fait à Paris, le 183

Le Préfet du Département,

RECETTE GÉNÉRALE
DU DÉPARTEMENT DE LA SEINE.

VILLE DE PARIS.

(N° 22.)

CONTRIBUTIONS DIRECTES.

Le Receveur central du Département de la Seine,

Vu la demande formée par M. , Receveur-Percepteur du arrondissement de perception, tendant à ce qu'il soit mis à sa disposition porteur de contraintes, pour l'exercice des poursuites relatives au recouvrement des Contributions directes dans ledit arrondissement ;

En vertu de l'article 98 de l'arrêté de M. le Préfet, en date du 20 décembre 1833;

Enjoint au sieur
commissionné pour le recouvrement des Contributions directes dans la ville de Paris, de se rendre auprès de M.
Receveur-Percepteur du arrondissement de perception, à l'effet d'exercer, d'après ses ordres et sous sa direction, les poursuites requises contre les contribuables en retard de se libérer dans ledit arrondissement de Perception, et dont les états nominatifs lui seront remis par ledit Receveur-Percepteur.

A Paris, le 183

Le Receveur central,

(N°. 23.

RECETTE CENTRALE.
DU DÉPARTEMENT DE LA SEINE.

VILLE DE PARIS.

CONTRIBUTIONS DIRECTES.

ANNÉE 183 , MOIS D

FRAIS DE POURSUITES.

Exécution de l'Arrêté de M. le Préfet en date du 20 décembre 1833.

ÉTAT des frais de poursuites perçus pendant le mois d
par les Receveurs-Percepteurs de la ville de Paris, et dont le montant a été versé par eux à la Recette centrale, en exécution du Décret du 15 Janvier 1808.

ARRONDISS^{s}. de Perception.	NOMS des RECEVEURS PERCEPTEURS.	NUMÉROS du livre de détail.	FRAIS DE POURSUITES RECOUVRÉS au profit des Porteurs de contraintes et des Garnisaires.	des Huissiers et des Commissaires-Priseurs.	FRAIS PERÇUS en NUMÉRAIRE.	en ORDONNANCES.	TOTAL
1							
2							
3							
4							
5							
6							
7							
8							
9							
10							
11							
12							
13							
14							
15							
16							
17							
18							
19							
20							
21							
22							
23							
24							
	TOTAUX............						

Certifié exact par le Receveur central du Département de la Seine, soussigné,

A Paris, ce 183

PRÉFECTURE
DU DÉPARTEMENT DE LA SEINE.

VILLE DE PARIS.

Arrondissement de Perception.

M.

Receveur-Percepteur.

EXERCICE 183

(N°. 24.)

CONTRIBUTIONS DIRECTES.

ÉTAT des sommes qui reviennent aux porteurs de contraintes et garnisaires pour les frais perçus pendant le mois d 183 sur les poursuites faites par ces agens.

QUARTIERS.	NOMS des AGENS.	MONTANT DES FRAIS PERÇUS.									TOTAL des FRAIS perçus.	PORTION	
		SOMMATIONS AVEC FRAIS à				GARNISONS COLLECTIVES à				Garnisons individuelles à 2 fr		attribuée aux porteurs de contraintes.	réservée pour le fonds commun.
		25 c.	50 c.	75 c.	1 fr.	25 c.	50 c.	75 c.	1 fr.				

ARRÊTÉ le présent État à la somme de
par moi, soussigné, Receveur-Percepteur du arrondissement de perception.

A Paris, le 183

Vu et certifié véritable par le Contrôleur aux recettes.

A Paris, le 183

Nous,

PRÉFET DU DÉPARTEMENT DE LA SEINE,

Après avoir fait procéder à la vérification et à la taxe des frais de poursuites établis dans l'état qui précède;

ARRÊTONS :

Le montant desdits frais demeure liquidé et arrêté à la somme totale de
conformément audit état;

En conséquence ladite somme sera payée aux agens qui y ont droit, conformément au mode réglé por notre arrêté du 20 décembre 1833.

A Paris, le 183

PRÉFECTURE
DU DÉPARTEMENT DE LA SEINE.

VILLE DE PARIS.

Arrondissement de Perception.

M.

Receveur-Percepteur.

Vu et certifié conforme par le Contrôleur aux recettes.

A Paris, le 183

(N°. 25.)

CONTRIBUTIONS DIRECTES.

ETAT des frais de poursuites recouvrés.

Le Receveur-Percepteur du arrondissement de Perception de Paris, soussigné,

Certifie que les sommes perçues pendant le mois d 183 pour les frais des actes faits par le Sr. huissier, commis à l'effet d'exercer, dans ledit arrondissement, les poursuites relatives au recouvrement des contributions directes, s'élèvent à

lesquels frais sont justifiés, tant par les contraintes qui ont autorisé les poursuites, que par les originaux ci-joints des actes qui les constatent.

Fait à Paris, le 183

BORDEREAU de liquidation des frais recouvrés pendant le mois d 183 dans le arrondissement de Perception de Paris, pour les actes de poursuites faits par le Sr. huissier.

		NATURE DES ACTES DE POURSUITES.								TOTAL GÉNÉRAL DES FRAIS de toute nature.
		COMMANDEMENS		SAISIES.		VENTE.		ACTES CONSERVATOIRES.		
		NOMBRE des actes.	FRAIS.	NOMBRE des actes.	FRAIS.	NOMBRE des actes.	FRAIS.	NOMBRE des actes.	FRAIS.	
MONTANT DES FRAIS.	Perçus......									
	Alloués.....									
	Rejetés......									

Nous

Préfet du département de la Seine,

Vu le certificat ci-dessus délivré par le Receveur-Percepteur du arrondissement de Perception de Paris, ainsi que les actes de poursuites y annexés;

Après avoir fait procéder à la vérification des frais desdits actes;

Arrêtons :

Les sommes qui reviennent au sieur huissier, sur les recouvremens effectués pendant le mois d 183 pour les frais des actes de poursuites faits par lui, ainsi qu'il résulte du Bordereau qui précède, demeurent liquidées et arrêtées à

conformément à la taxe qui en a été faite sur les originaux des actes qui ont donné lieu à ces frais;

En conséquence le Receveur central du département de la Seine, paiera au Sr. huissier, la somme de

pour le montant desdits frais ainsi liquidés, laquelle somme sera imputée sur les fonds provenant des frais de poursuites recouvrés pendant le mois d 183 et allouée au Receveur central dans la dépense de ses comptes, en rapportant le présent mandat quittancé.

Fait à Paris, le 183

(N°. 26.)

TABLEAU GÉNÉRAL

DES

FRAIS DES DIFFÉRENS ACTES DE POURSUITES.

TABLEAU GÉNÉRAL DES FRAIS DES

Relatifs au recouvrement des Contribution

NATURE DES ACTES ET DES FRAIS QUI EN RÉSULTENT.	DROITS ALLOUÉS aux divers agens.		TIMBRE.		Enregistremt.		TOTAL.	
	f.	c.	f.	c.	f.	c.	f.	c.
SOMMATION AVEC FRAIS.								
Pour un débet de 25 fr. et au-dessous	»	25	»	»	»	»	»	25
— au-dessus de 25 à 50 fr	»	50	»	»	»	»	»	50
— au-dessus de 50 à 100	»	75	»	»	»	»	»	75
— au-dessus de 100	1	»	»	»	»	»	1	»
GARNISON COLLECTIVE.								
Pour un débet de 25 fr. et au-dessous	»	25	»	»	»	»	»	25
— au-dessus de 25 à 50 fr	»	50	»	»	»	»	»	50
— au-dessus de 50 à 100	»	75	»	»	»	»	»	75
— au-dessus de 100	1	»	»	»	»	»	1	»
GARNISON INDIVIDUELLE.								
Les frais de cette poursuite sont dus par jour, à raison de	2	»	»	»	»	»	2	»
COMMANDEMENT.								
Pour l'original, et la copie signifiée à la partie	»	75	»	70	1	10	2	55
SAISIE-ARRÊT.								
Pour l'original, et la copie signifiée au tiers-saisi	»	75	»	70	1	10	2	55
SAISIE-EXÉCUTION.								
Pour l'original de l'exploit de saisie, et les copies signifiées tant à la partie qu'au gardien	2	»	1	05	2	20	5	25
Aux deux témoins, à raison de 75 c. chacun	1	50	»	»	»	»	1	50
TOTAL	3	50	1	05	2	20	6	75
Nota. Il est dû en outre au gardien, pour chaque jour de garde effective, 1 fr. 50 c. pendant les dix premiers jours, et 25 c. pour chacun des jours suivans, sans que, dans aucun cas, ce salaire puisse excéder 18 fr. Si le gardien réclame un autre salaire, ou le remboursement de frais faits, le tout sera réglé par le Préfet.								
PROCÈS-VERBAL DE RÉCOLLEMENT.								
Il est dû à l'huissier et aux témoins les mêmes droits que pour la saisie	»	»	»	»	»	»	»	»
SAISIE-BRANDON.								
Même tarif que pour la saisie-exécution	»	»	»	»	»	»	»	»

DIFFÉRENS ACTES DE POURSUITES,

directes dans la ville de Paris.

NATURE DES ACTES ET DES FRAIS QUI EN RÉSULTENT	DROITS ALLOUÉS aux divers agens.	TIMBRE.	Enregistrement	TOTAL.
PROCÈS-VERBAL DE CARENCE.	f. c.	f. c.	f. c.	f. c.
A l'huissier, pour la rédaction de cet acte	1 »	» »	» »	1 »
Aux deux témoins, à raison de 50 c. chacun	1 »	» »	» »	1 »
TOTAL	2 »	» »	» »	2 »
VENTE.				
Pour l'original et les copies de la signification de la vente à la partie et au gardien	1 25	1 05	2 20	4 50
Pour l'insertion au Journal judiciaire	2 »	» »	» »	2 »
Rédaction et confection des affiches, y compris les frais de papier et de timbre	3 50	» »	» »	3 50
Procès-verbal d'apposition d'affiches	2 »	» 35	1 10	3 45
A l'afficheur	1 50	» »	» »	1 50
A l'huissier, pour l'original et les copies du procès-verbal de récollement, lors de l'enlèvement des meubles	1 50	1 05	2 20	4 75
Aux deux témoins, à raison de 50 c. chacun	1 »	» »	» »	1 »
TOTAL	12 75	2 45	5 50	20 70
Nota. Dans le cas où il y a lieu d'ajouter de nouveaux effets à ceux déjà saisis, il est alloué 50 c. de plus à l'huissier.				
Les droits dus au commissaire-priseur pour la vente, sont réglés conformément à la loi du 27 ventôse.				
Dans le cas où la vente n'a pas lieu par suite de la libération du contribuable, il est alloué au commissaire-priseur, pour droits, frais et déboursés de toute nature	9 »	» »	» »	9 »

CONTRIBUTIONS DIRECTES.

ETAT INDICATIF des agens qui, conformément à la décision ministérielle du 23 juillet 1822, doivent supporter les frais des imprimés servant aux poursuites relatives au recouvrement.

1.	Sommation sans frais.	*A la charge du Receveur-Percepteur.*
2.	Registre destiné à inscrire, jour par jour, les redevables dans le cas d'être poursuivis avec frais.	
3.	Sommation avec frais.	*A la charge du Porteur de contraintes.*
4 et 5	Etats des redevables à poursuivre par voie de garnison collective ou individuelle.	*A la charge du Receveur-Percepteur.*
6.	Bulletin de garnison collective.	*A la charge des agens des poursuites.*
7.	Bulletin de garnison individuelle.	
8.	Mandement de commandement.	*A la charge du Receveur-Percepteur.*
9.	Mandement de saisie-exécution.	
10.	Mandement de saisie-arrêt.	
11.	Main-levée de saisie-arrêt.	
12.	Actes de commandement, de saisie-exécution, de saisie-arrêt, et tous autres actes faits par le ministère des huissiers.	*A la charge des Huissiers.*
13.	Etats mensuels de répartition entre les agens de poursuites, des frais perçus pour les contraintes administratives.	*A la charge du Receveur-Percepteur.*
14.	Etats mensuels des frais de poursuites judiciaires recouvrés au profit des huissiers.	
15.	Bordereau général et mensuel des frais versés à la recette centrale par les Receveurs-Percepteurs de Paris.	*A la charge du Receveur central.*
16.	Extrait du registre des déclarations de déménagement.	*A la charge du Receveur-Percepteur.*
17.	Récépissé de certificat de déménagement furtif.	

TABLE DES MODÈLES.

LOI

Relative au Privilége du Trésor public pour le recouvrement des Contributions directes, du 12 *novembre* 1808.

Art. 1er. Le privilége du Trésor public, pour le recouvrement des contributions directes, est réglé ainsi qu'il suit, et s'exerce avant tout autre :

1°. Pour la contribution foncière de l'année échue et de l'année courante. sur les récoltes, fruits, loyers et revenus des biens immeubles sujets à la contribution ;

2°. Pour l'année échue et l'année courante des contributions mobilière, de portes et fenêtres, des patentes, et de toute autre contribution directe et personnelle, sur tous les meubles et autres effets mobiliers appartenant aux redevables, en quelque lieu qu'ils se trouvent.

Art. 2. Tous fermiers, locataires, receveurs, économes, notaires, commissaires-priseurs, et autres dépositaires et débiteurs de deniers provenant du chef des redevables, et affectés au privilége du Trésor public, seront tenus, sur la demande qui leur en sera faite, de payer, en l'acquit des redevables et sur le montant des fonds qu'ils doivent ou qui sont en leurs mains, jusqu'à concurrence de tout ou partie des contributions dues par ces derniers. Les quittances des percepteurs pour les sommes légitimement dues, leur seront allouées en compte.

Art. 3. Le privilége attribué au Trésor public pour le recouvrement des contributions directes, ne préjudicie point aux autres droits qu'il pourrait exercer sur les biens des redevables, comme tout autre créancier.

Art. 4. Lorsque, dans le cas de saisie de meubles et autres effets mobiliers pour le paiement des contributions, il s'élèvera une demande en revendication de tout ou partie desdits meubles et effets, elle ne pourra être portée devant les tribunaux ordinaires, qu'après avoir été soumise, par l'une des parties intéressées, à l'autorité administrative, aux termes de la loi du 5 novembre 1790.

EXTRAIT

DE

LA LOI DU 5 NOVEMBRE 1790.

Art. 13. Toutes actions en justice, principales, incidentes ou en reprise, qui seront intentées par les corps administratifs, le seront au nom du procureur-général-syndic du département, poursuite et diligence du procureur-syndic du district, et ceux qui voudront en intenter contre ces corps, seront tenus de les diriger contre ledit procureur-général-syndic.

Art. 14. Il ne pourra être intenté aucune action par le procureur-général-syndic, qu'en suite d'un arrêté du directoire du département, pris sur l'avis du directoire du district, à peine de nullité et responsabilité, excepté pour les objets de simple recouvrement.

Art. 15. Il ne pourra en être exercé aucune contre ledit procureur-général-syndic, en sadite qualité, par qui que ce soit, sans qu'au préalable on ne se soit pourvu par simple mémoire, d'abord au directoire du district, pour donner son avis, ensuite au directoire du département, pour donner une décision, aussi à peine de nullité. Les directoires de district et de département statueront sur le mémoire dans le mois, à compter du jour qu'il aura été remis, avec les pièces justificatives, au secrétariat du district, dont le secrétaire donnera son récépissé, et dont il fera mention sur le registre qu'il tiendra à cet effet. La remise et l'enregistrement du mémoire interrompront la prescription, et dans le cas où les corps administratifs n'auraient pas statué à l'expiration du délai ci-dessus, il sera permis de se pourvoir devant les tribunaux.

Art. 16. Les frais qui seront légitimement faits par les directoires de département et de district, dans la suite du procès, passeront dans la dépense de leurs comptes.

EXTRAIT

DU

DÉCRET DU 18 AOUT 1807,

Qui prescrit des formalités pour les saisies-arrêts ou oppositions entre les mains des Receveurs ou Administrateurs de caisses ou de deniers publics.

ART. 1er. Indépendamment des formalités communes à tous les exploits, tout exploit de saisie-arrêt ou opposition entre les mains des receveurs, dépositaires ou administrateurs de caisses ou de deniers publics, en cette qualité, exprimera clairement les noms et qualités de la partie saisie, il contiendra, en outre, la désignation de l'objet saisi.

Art. 2. L'exploit énoncera pareillement la somme pour laquelle la saisie-arrêt ou opposition est faite; il sera fourni, avec copie de l'exploit, auxdits receveurs, caissiers ou administrateurs, copie ou extrait en forme du titre du saisissant.

Art. 3. A défaut, par le saisissant, de remplir les formalités prescrites par les articles 1 et 2 ci-dessus, la saisie-arrêt ou opposition sera regardée comme non avenue.

Art. 4. La saisie-arrêt ou opposition n'aura d'effet que jusqu'à concurrence de la somme portée en l'exploit.

Art. 5. La saisie-arrêt ou opposition formée entre les mains des receveurs, dépositaires ou administrateurs de caisses ou de deniers publics, en cette qualité, ne sera point valable si l'exploit n'est fait à la personne préposée pour le recevoir, et s'il n'est pas visé par elle sur l'original, ou, en cas de refus, par le procureur impérial près le tribunal de première instance de leur résidence, lequel en donnera de suite avis aux chefs des administrations respectives.

Art. 6. Les receveurs, dépositaires ou administrateurs, seront tenus de délivrer, sur la demande du saisissant, un certificat qui tiendra lieu, en ce qui les concerne, de tous autres actes et formalités prescrits, à l'égard des tiers-saisis, par le titre XX du livre III du Code de procédure civile.

S'il n'est rien dû au saisi, le certificat l'énoncera;

Si la somme due au saisi est liquide, le certificat en déclarera le montant;

Si elle n'est pas liquide, le certificat l'exprimera.

Art. 7. Dans le cas où il serait survenu des saisies-arrêts ou oppositions sur la même partie et pour le même objet, les receveurs, dépositaires ou administrateurs, sont tenus, dans les certificats qui leur seront demandés, de faire mention desdites saisies-arrêts ou oppositions, et de désigner les noms et élections de domicile des saisissans, et les causes desdites saisies-arrêts ou oppositions.

Art. 8. S'il survient de nouvelles saisies-arrêts ou oppositions depuis la délivrance d'un certificat, les receveurs, dépositaires ou administrateurs seront tenus, sur la demande qui leur en sera faite, d'en fournir un extrait contenant pareillement les noms et élections de domicile des saisissans et les causes desdites saisies-arrêts ou oppositions.

Art. 9. Tout receveur, dépositaire ou administrateur de caisses ou de deniers publics entre les mains duquel il existera une saisie-arrêt ou opposition sur une partie prenante, ne pourra vider ses mains sans le consentement des parties intéressées, ou sans y être autorisé par justice.

Art. 10. Notre Grand-Juge, Ministre de la Justice, et nos Ministres des Finances et du Trésor public, sont chargés, chacun en ce qui le concerne, de l'exécution du présent décret.

VINCHON, FILS ET SUCCESSEUR DE Mme. VEUVE BALLARD,
Imprimeur de la Préfecture de la Seine, rue J.-J. Rousseau, n. 8.

www.ingramcontent.com/pod-product-compliance
Ingram Content Group UK Ltd.
Pitfield, Milton Keynes, MK11 3LW, UK
UKHW020343180726
13839UKWH00002B/890

9 782329 329246